ALL TOCHIGI ATHLETE MAGAZINE

SPRIDE

スプライド特別号

All For The "BREX PRIDE"

ブレックス勇戦の記憶

2019-20

【 UTSUNOMIYA BREX SEASON MEMORIES 】

All For The "BREX PRIDE"

ブレックス 勇戦の記憶

宇都宮ブレックスの2019-20シーズンが幕を閉じた。
Bリーグレギュラーシーズンでチーム新記録となる
15連勝を果たす快進撃を見せたものの、
新型コロナウイルス感染拡大を受けてリーグは
シーズン途中で打ち切られ、東地区2位という不本意な結果に終わった。
大目標に掲げた3季ぶりの王座奪還は成らなかったが、
チーム一丸となって積極果敢に挑んだ「勇戦」の記憶が
色あせることは決してない。前代未聞のシーズンを振り返るとともに、
次の戦いに備えてしばしの休息の日々を送る選手たちに
オンライン取材を行い、その素顔に迫った。

2019-20

【UTSUNOMIYA BREX SEASON MEMORIES】

無念さ乗り越え、圧倒的な強さを――。

2019-20

【UTSUNOMIYA BREX SEASON MEMORIES】

藤井洋子・文　山田壮司・写真

そのシーズンを象徴する対戦相手というものが必ず存在する。それは時に切磋琢磨し合えるライバルであり、越えなければいけない高い壁として、目の前に立ちはだかる。ブレックスの歴史を振り返っても、必ずそういう相手が存在した。例えばシーホース三河や千葉ジェッツ、アルバルク東京がそれだ。こうした相手との戦いは、想像を遥かに越える、心揺さぶられるゲームを生み出すのも事実だ。

2019-20シーズン、ブレックスにとってそうした存在となったのは、川崎ブレイブサンダースだった。

2018-19シーズン、川崎とはレギュラーシーズンの4試合に加え、CS（チャンピオンシップ）のクオーターファイナル2試合と計6試合戦い、ブレックスの6勝0敗。しかし今シーズンは、天皇杯を含め川崎と5試合戦い、1勝4敗となった。

わずか1シーズンで、見違えるような変化を遂げた川崎。ブレックスが頂点を目指すためには避けては通れない相手。そんな川崎という大きな壁を越えることが、今シーズンのもう一つの挑戦だったと言えるだろう。

開幕2連敗からのスタート

ブレックスの2019-20シーズンは、2019年10月3日に開幕した。1カードのみ先出しで行われる開幕戦（@横浜アリーナ）で川崎と戦ったブレックスは57-78で敗れ、苦いシーズンの幕開けとなった。

序盤から川崎の激しいディフェンスに圧され気味だったブレックス。前半は2点ビハインドで折り返したものの、後半で徐々に点差を広げられると、最後は21点差で敗戦となった。ブレックスは終始、思うようにシュートが決められず、リズムを掴みきれないまま試合終了を迎えた。加えて、アグレッシブさ、ディフェンスの激しさ、リバウンドといった、本来ブレックスの強みとされる部分でも、試合を通して川崎に上回られた。

一方の川崎は、キャプテンの篠山竜青を中心に気迫あふれるプレーを見せ、ブレックスに流れが行きかけると、その流れを何度も引き戻した。メンバーが大きく替わり、新しく生まれ変わった川崎というチームをお披露目するには、十分すぎる舞台。それをブレックスがお膳立てしたような試合展開となってしまった。

試合後の記者会見で、安齋竜三HC（ヘッドコーチ）は、「うちがやりたいバスケットを川崎にやられてしまった」と述べたが、この言葉通り、ブレックスはトランジションを出すことができず、「らしさ」を封じ込められた印象だった。

数日空けて行われた開幕節GAME2（10月6日）は、序盤からブレックスらしさ全開の激しいディフェンスを披露。いつものブレックスが戻って来たと、ファンも期待を込めて試合の流れを追っていたことだろう。

39-38と1点リードで前半を折り返すと、第3Q（クォーター）でさらに点差を広げて、64-50とブレックスが14点のリードを築く。このまま順調にいくと思われたが、第4Q、4分を過ぎた辺りから、ブレックスの得点がピタリと止まり、以降、試合終了までシュートを決めることができなかった。この間、0-20のラン。第4Qのブレックスの得点はわずか5に抑えられ、川崎は25得点を挙げている。結果、ブレックスは14点差をひっくり返されて逆転負けとなった。

危機感を糧に生まれ変わった川崎

ブレックスのお株を奪われたような試合展開。屈辱の開幕2連敗。これには、選手だけでなく、気持ちを切り替えるのに少し時間が掛かったファンも多かったことだろう。

Bリーグ初年度（2016-17）のファイナルでもブレックスは川崎と対戦し、接戦の上で勝利して、初代王者の栄冠を掴んだという歴史がある。2018-19シーズンは、CSクォーターファイナルで川崎と対戦。GAME1は87-57、GAME2は89-62と、大勝してセミファイナルに駒を進めたのも、やはりブレックスだった。

敗退が決まったその日の試合後、川崎の篠山はこんな言葉を残していた。

「Bリーグ初年度で栃木さんと戦わ

せていただきました。そのときは2桁にいかないくらいの差で負けましたが、この2シーズンでこれだけ差をつけられたということに悔しさを感じています。意識だったり、ディフェンスの部分は本当に変えないといけない。本当に、大きく変えないといけないという危機感があります。この悔しさは絶対に忘れてはいけない…。初年度は準優勝だったという悔しさはもちろんありますが、それよりも大きな危機感を、感じています」

2018-19シーズンの終わりに篠山が絞り出すように語った「悔しさ」や「危機感」は、今シーズンの開幕2連戦を見る限り、しっかりと生かされていたように思う。メンバーが大きく替わった川崎は、シーズン序盤はチームケミストリーは醸成されないのではないか。こうした勝手な思い込みを凌駕するほどの悔しさは、いつしか強い決意に変わり、あの敗戦の日からひと時も頭を離れることはなかったのだろう。対するブレックスは、川崎が味わってきた悔しさを跳ね返す覚悟や準備が、あの時、できていたのだろうか。

安齋HCは、「僕の戦術、選手の出し方が敗因」としながらも、試合終盤に停滞してしまった要因は、「メンタル」と述べた。

悔しさこそ、チームが変われる源泉となる。川崎が、そうして、これまでのブレックスが、愚直なまでにそれを体現してきたように、この2連敗がブレックスというチームをより強くする糧となると信じたい——。

そう心に刻んでスタートした。それが2019-20シーズンの幕開けだった。

チーム史上最長、15連勝を記録

ブレックスは、開幕節で2連敗となったものの、その後は7連勝と好調を維持した。竹内公輔や、ジェフ・ギブスがケガで試合に出られない時は、橋本晃佑がその穴を埋めるかのように存在感を発揮。3ポイントシュートを積極的に打つなど、期待に応える活躍をして見せた。同時に、本来ガードポジションの鵤誠司や遠藤祐亮が、自分よりはるかにサイズの大きい相手チームのビッグマンを、しっかり守るという活躍が光ったのもこの時期だ。さらに、遠藤がケガでプレーできない期間は、山崎稜が攻守で活躍し、チームを支えた。

一方で、今シーズン、たった1人の新加入選手となったシャブリック・ランドルフは家庭の事情で数週間チームを離れ、それによってコンディションを崩すなど、なかなか活躍の場がなかったのは残念でならない。また、開幕戦から13試合連続で出場していた田臥勇太が、左膝半月板損傷により、11月16日の試合から欠場となった。

こうした中でも、ブレックスは着実に白星を積み上げていった。11月2日からは黒星なしで2019年の試合を締め括り、チーム史上最長の15連勝を記録。東地区1位という輝かしい戦績でシーズン前半戦を終えた。

シーズンの中断期間に開催される天皇杯では、富山グラウジーズに勝利（1月9日）して、準決勝の川崎（1月11日）との戦いを迎えた。ブレックスにとっては、開幕節で連敗を強いられた相手に借りを返す絶好のシチュエーション。やり返す勢いで臨んだ試合だったが、思いがけず大敗を喫した。ブレックスはなかなか波に乗れないまま、あっという間に点差を付けられて試合終了となった。

今シーズン唯一の3連敗

天皇杯で再び川崎に敗れ、気落ちするのも束の間、突然のビッグニュースが飛び込んで来た。アメリカの大学（NCAA）でプレーし、その後の去就に注目が集まっていたテーブス海が日本に帰国。ブレックスに入団するというリリースが流れたのである。1月14日に栃木県庁で入団会見を行ったテーブスは、翌15日のサンロッカーズ渋谷戦から試合に出場。この日は、テーブスのプレーを生で観ようと多くのメディアが集まり、テーブスの一挙手一投足に視線が注がれた。

SR渋谷戦は、第4Qの頭まではブレックスがリードしていたが、このクォーターの出だしに渋谷に連続得点を許し逆転されると、その後は競った展開に。最後まで僅差の戦いになったが、最終的には84-88で惜敗。チームは敗れたものの、この日デビュー戦となったテーブスは、鋭いパスやスピードのあるドライブを披露して会場を魅了した。

ブレックスは、次節、秋田ノーザンハピネッツ戦、大阪エヴェッサ戦でも敗れ、レギュラーシーズン3連敗（天皇杯から4連敗）となり、一気に暗雲が立ち込め始めた。振り返れば、勝利を挙

げていた12月頃からブレックスらしくない試合が続いており、この連敗を不安視するファンの声もちらほらと聞こえてきたが、こうした不調も早々に脱却。ブレックスは、大阪戦の2戦目に久しぶりの白星を挙げると、続くA東京戦、三遠ネオフェニックス戦にも勝利し、早くも復調の兆しを見せた。

今シーズン最後となる川崎との連戦

そんな時に迎えたのが、川崎との2連戦（2月8、9日）である。今シーズンは、天皇杯も含め川崎には3連敗を喫している。ブレックスにとっては、ここでなんとか勝利を手にしておきたい重要な試合だ。

8日は、第1Qが終わって20–20と互角の戦いを繰り広げた。しかし、第2Qに入ると徐々に点差が開き始める。このクォーターの初めに喜多川修平がフリースロー2本を決めた後は、約5分もの間、得点が止まってしまう。タイムアウトを取り、メンバーを替えるなどの調整を図ったがなかなかうまく回らず、32–39で前半を折り返した。

後半は鵤が3本のシュートを立て続けに沈めて追い上げるが、どうしても追いつくことができず、49–56で最終クォーターへ。

第4Qは、遠藤やギブスの得点で猛追し、残り5分を切ったところで、逆転に成功する。その後は、一進一退の競った展開になったが、川崎の藤井祐眞のドライブにかき乱され、点差を離すことができない。しばらくは、じりじりとした展開が続いたが、藤井やニック・ファジーカスが得点を重ねて逆転され、最終的には72–74とブレックスが2点差で敗戦となった。

この点差が物語るように、先の3試合とは内容が全く違っていた。簡単に言えば、勝てた試合だった。ブレックスは終始、強度の高いディフェンスを徹底し、勝つための準備や覚悟をしっかりと整えてきたことが見て取れる試合内容だった。残念だったのは、ペイントエリア内のポイントだ。川崎42点に対し、ブレックスは24点。藤井のペイントエリアへのドライブ、ファジーカスのゴール下のポイント、ジョーダン・ヒースのブロックショットにやられた印象が拭えない。リバウンドは川崎36、ブレックス38と、ブレックスが勝っていただけに悔やまれる。とはいえ、ブレックスもギブスは17得点、9リバウンドの活躍。鵤も15点、遠藤は13点と多くの選手が2桁を挙げていた。

試合後、安齋HCは、「ディフェンスの強度を上げて、40分戦うことができた」と手応えを口にし、さらに「レギュラーシーズンで川崎と試合ができるのは明日だけ。後悔のないよう、選手たちはやり切って終わってほしい」と思いを打ち明けた。

川崎に悲願の1勝

翌9日は、開始早々、遠藤の3ポイントシュートがきれいに決まり、上々の滑り出し。比江島慎も連続でスティールするなど、序盤から激しいディフェンスで相手に威圧感を与える。22–23で迎えた第2Qは、テーブスの連続シュート、ジャワッド・ウィリアムズの3ポイントシュートで、4点リードを築く。しかし、その後は、オフェンスが停滞。その間、川崎はディフェンスリバウンドを奪取し、トランジションからの得点やフリースローで着実に点差を積み上げ逆転されてしまう。こうして34–42とブレックスの8点ビハインドで前半を終えた。

第3Qは、「ギブス劇場」と言える試合展開となった。ギブスはヒースとファジーカスが待ち受けるペイントエリア内に果敢にアタック。そこから確実に得点を重ねて、このクォーターだけで5連続シュートを含む12得点の大活躍。ギブスやロシターがゴールに向かって猛アタックし始めたことで、川崎はディフェンスを収縮せざるを得なくなり、そうしたところを今度は渡邉裕規が外からシュートを射抜く。こうして、いいリズムが生まれたブレックスは、2点差にまで詰め寄った。

最終クォーターの出だしは、竹内、遠藤の連続得点で川崎を圧倒。川崎も追い上げを見せるが、ファジーカスが4つ目のファウルを犯して攻め気を欠くと、ブレックスは遠藤がスティールからの速攻、ロシターのリバウンドからの得点などでさらに突き放す。最終的には、最後まで気を緩めなかったブレックスが76–67で、川崎から悲願の1勝を挙げた。

最後は〝らしさ〟全開

前半、ブレックスはペイントエリア内の得点を12点に抑えられたが、後半は28点と倍以上の数字を叩き出した。試合後、渡邉は、「遠藤が、藤井にプレッシャーを掛けてくれた」と、前日の試合で好きなようにやらせてしまった藤井を見事に抑え込んだ遠藤を評価。同時に、「ジェフが体を張ってくれ、橋本は交替で出た時も、その流れをきっちり引き継いでくれた」とチームメートの健闘を称えた。

川崎のファジーカスとヒースは、どちらも200㎝を優に超えている。対するギブスは188㎝と、マッチアップするにはかなりの身長差がある。しかしギブスは、20㎝もの身長差を物ともせずインサイドへのアタックを続け、そうしたプレーがチームにいいリズムを生み出した。ギブスは、「高さは彼らの方があるが、強さは自分の方がある」と、自信たっぷりの笑顔を見せた。

UTSUNOMIYA BREX

ディフェンスでの活躍が光った遠藤は、「自分が先頭を切ってプレッシャーをかければ、みんなが付いて来てくれるという感覚はあった。それをするのは、ブレックスでは僕の役目だと思っている」と話し、ディフェンスでチームをけん引する自覚が言葉に表れていた。

前日の試合では、藤井にリバウンドやルーズボールを取られるシーンもあったが、「たとえ取れなかったとしても取りに行く姿勢をみせなければ…」と、この日の試合は遠藤がルーズボールに飛び込んだ。そんな遠藤も、「橋本がつないでくれて、チーム全員で勝てた」と橋本の名前を口にした。

第3Q終わりからコートに入った橋本は、ロシターやギブスがベンチに下がった時のコートをしっかりと守り続けた。数字には表れないチームへの貢献も、渡邉や遠藤はしっかりと言葉にして伝えてくれた。

最後の最後で、「これぞブレックス」と呼べるような質の高いプレーをチーム全員で表現し、勝利を挙げたブレックス。レギュラーシーズン終盤へ、そしてCSまでこのまま一気に駆け上がるブレックスの姿が脳裏をかすめる。優勝への期待が、大きく膨らんだ瞬間だった。

無念のシーズン中止へ

しかし、シーズンの終幕は、思いもよらぬところから忍び寄っていた。

新型コロナウイルス感染拡大抑制のためJリーグが試合延期を決定すると、Bリーグも2月26日にはリーグ戦の延期を発表。3月10日には、無観客による試合でリーグ戦の開催を発表し、予定通り4日後にリーグ戦が再開されたのだが…。

3月14日の川崎対レバンガ北海道の試合で、北海道の3選手に37・0℃以上の発熱が認められ、試合が中止に。翌15日には、ブレックス対千葉の試合で審判の1人が発熱し、こちらも試合中止となった。

リーグ戦が再開されてわずか2日で、1日目も2日目も試合が中止になる事態が発生し、無観客とはいえ試合続行の難しさを実感することとなった。その後も世界的に感染者は増えていき、NBAでは試合中断が発表された。Bリーグの大河正明チェアマンは、こうした事態を鑑みて3月17日、4月1日までの試合中止を決断。その時点では4月4日から試合が再開される予定だったが、首都圏での感染拡大を受けて3月26日に小池百合子東京都知事による外出自粛要請が出されると、3月27日、Bリーグの残り全試合の中止が決定された。

2019-20シーズンのブレックスの戦績は、31勝9敗で東地区2位。状況が状況だけに仕方がない事とはいえ、悔やまれるのは、3月15日の無観客による試合（千葉戦の2試合目）ができなかったことだ。これによりブレックスと首位を争っていたA東京が（ブレック

2019-20 シーズンブレックス戦績表

GAME	日付	H/A	対戦相手	W/L	点差
1	10/3（木）	A	川　崎	●	57−78
2	10/6（日）	A	川　崎	●	69−75
3	10/12（土）	A	滋　賀	○	84−71
4	10/13（日）	A	滋　賀	○	96−90
5	10/16（水）	A	千　葉	○	76−69
6	10/19（土）	H	三　河	○	92−86
7	10/20（日）	H	三　河	○	90−84
8	10/23（水）	A	渋　谷	○	91−81
9	10/26（土）	A	富　山	○	88−75
10	10/27（日）	A	富　山	●	69−72
11	11/1（金）	H	A 東京	●	72−73
12	11/2（土）	H	A 東京	○	79−71
13	11/9（土）	H	北海道	○	102−67
14	11/10（日）	H	北海道	○	84−70
15	11/16（土）	A	新　潟	○	80−63
16	11/17（日）	A	新　潟	○	85−76
17	12/7（土）	H	名古屋	○	81−77
18	12/8（日）	H	名古屋	○	87−71
19	12/11（水）	H	秋　田	○	81−63
20	12/14（土）	A	京　都	○	87−67
21	12/15（日）	A	京　都	○	78−58
22	12/21（土）	H	三　遠	○	89−79
23	12/22（日）	H	三　遠	○	86−61
24	12/25（水）	H	千　葉	○	82−79
25	12/28（土）	A	秋　田	○	74−61
26	12/29（日）	A	秋　田	○	78−69
27	1/4（土）	A	琉　球	●	82−84
28	1/5（日）	A	琉　球	○	83−69
天皇杯	1月9日		富　山	○	74−65
	1月11日		川　崎	●	61−82
29	1/15（水）	H	渋　谷	●	84−88
30	1/22（水）	A	秋　田	●	64−66
31	1/25（土）	H	大　阪	●	69−72
32	1/26（日）	H	大　阪	○	85−73
33	1/29（水）	H	A 東京	○	74−64
34	2/1（土）	A	三　遠	○	94−75
35	2/2（日）	A	三　遠	○	87−50
36	2/8（土）	H	川　崎	●	72−74
37	2/9（日）	H	川　崎	○	76−67
38	2/16（日）	A	三　河	○	83−75
39	2/17（月）	A	三　河	○	88−84
	※2/28(金)からの試合延期				
40	3/14（土）	A	千　葉	○	88−80
	※3/15(日)試合中止				

レギュラーシーズン40試合を実施し、31勝9敗
東地区2位

スより1試合多く戦い、勝利したことで)32勝9敗で東地区1位に輝いた。

過去最高の入場者数を何度も塗り替えた今シーズン。チーム史上、最高の連勝記録を打ち立てた今シーズン。4試合勝てなかった相手に、最後の最後で勝利を挙げた今シーズン。だが、1位の称号を手にすることだけは、叶わなかった。

来シーズンは、行き場のない悔しさを味わわなくても済むように、圧倒的な強さを見せつけたい。それがこの無念さを前向きなエネルギーに変える、たった一つの方法だからだ。

#9 SG

UKE ENDO

それぞれの転機

Story ①

新型コロナウイルス感染拡大を受け、史上初となるシーズン途中での打ち切りを決めたBリーグ。３季ぶりの王座奪還を掲げた宇都宮ブレックスの戦いも不完全燃焼で終わった。しかし、これまでも数々の困難を乗り越え、ファンに成長した姿を見せてきたチームだ。今季の経験を明日の糧にできるなら、振り返って「転機」と呼べるシーズンとなるだろう。そして、再三のケガから復活した遠藤祐亮、日本国籍を取得したライアン・ロシター、新加入のテーブス海にとって、今季はアスリート人生の大きな転機だった。
自らと向き合い、前進し続けた３人の挑戦の日々を振り返る。

逆境乗り越え、輝き増した不屈の魂

青柳修・文

逆境に耐え、乗り越えてきた「不屈の魂」の輝きを目の当たりにした。

3月14日。新型コロナウイルスの感染拡大により、2月中旬から約1カ月間の中断を挟んで再開されたBリーグ。当時、B1東地区首位に立っていた宇都宮ブレックスは船橋アリーナに乗り込み、2ゲーム差で同3位につける千葉ジェッツとの一戦に臨んだ。選手、関係者のみが会場入りを許され、異様な静けさに包まれた無観客試合。宿敵との今季3度目の対決であり、結果としてシーズン最後となったゲームで主役を演じたのは、度重なるケガに苦しんできた遠藤祐亮だった。

遠藤は試合会場となった船橋市の出身。無観客とはいえ、秘める思いは強かっただろう。ブレックスは前年の天皇杯決勝で千葉に初優勝の夢を打ち砕かれ、昨季も船橋の地でシーズンを終えていた。だからこそ、ティップオフ直後からエンジンは全開。第1クオーター（Q）45秒、遠藤は相手のお株を奪う鮮やかなトランジションオフェンスから先制の3ポイントを沈める。その30秒後にも再び比江島慎のアシストを受けて2本目を成功。3本目は試合開始からわずか2分あまり。今度は正面やや右寄りの位置だった。千葉はレギュラーシーズン2連敗中のアウェーチームに雪辱を狙ったものの、いきなり出鼻をくじかれ、大野篤史ヘッドコーチはたまらずタイムアウトを要求。直後、千葉のディフェンスは激しさを増したが、それも遠藤の凄みを引き立たせただけだった。高い位置のプレスを細かいステップでかいくぐり、流れるような動きからレイアップ。最初の10分間で得点は2桁に達し、大きく流れを引き寄せた。

勢いはまだまだ止まらない。前半終盤に猛追されたブレックスは42-40と迫られたが、遠藤は迎えた後半立ち上がりに3ポイントを沈めて主導権をキープ。圧巻だったのは最終第4Qだ。2分19秒に右コーナーからこの日5本目の3ポイントで71-65と突き放しにかかると、5分24秒に6本目を決めて77-67。6分34秒には速攻から両チームで最多となる26得点目を挙げる。3ポイントシュートは8本中7本が成功。「シュートが打てるシチュエーションだったら、迷わずに打つ」。常々そう公言しているように、この日、しなやかな腕の振りから放たれたボールは面白いようにリングに吸い込まれていった。

「やらなければいけないことをやるだけでした」。千葉戦は今季ハイライトとも呼べる内容だったにもかかわらず、試合後は淡々としていた。むしろ序盤の試合運びを振り返り、「千葉を突き放せる場面で突き放せる力をつけないといけない」と浮き彫りとなったチームの課題を強調。中断期間中も、自分たちの立ち位置を見失うことなく集中し、リーグ優勝だけを目指してきた自覚があるからこ

遠藤祐亮

YUS

そ口にできる言葉だろう。

3季ぶりの王座奪還を掲げた今季。ブレックスは川崎に連敗した開幕節のつまずきがあったとはいえ、そこから見事に復活した。第2節の滋賀戦で初勝利を挙げ、7連勝で瞬く間に東地区の首位に躍り出た。前半戦は第7節のアルバルク東京戦から第15節の秋田ノーザンハピネッツ戦までクラブ新記録となる15連勝。チームは昨季からの成長と自信を深めていたが、その象徴とも呼べる存在が遠藤だった。

昨年11月中旬、練習中に足首を負傷した。ゴール下でチームメートと競り合った際のアクシデント。当時、連勝街道を突き進み、遠藤も好調を維持していただけに痛みよりも悔しさの方が勝っていたはず。コートの脇で頭からタオルを被り、独りうずくまる様子から思いは十分に伝わった。約1カ月後の12月11日、第11節のホーム秋田戦で先発復帰したが、試合序盤の第1Qで再び負傷退場を余儀なくされる。「ブレアリ」を埋めたファンは衝撃の光景に言葉を失った。

しかし、そんな逆境にあってこそ、遠藤の不屈の魂は真価を発揮する。

市立船橋高校から大東文化大に進み、2012年にブレックスの育成下部組織「TGI D-RISE」からトップチームに這い上がった叩き上げ。高校時代から素質の片鱗は見せていたものの、全国の舞台で華々しく活躍した実績があるわけではない。生来の負けん気の強さと、たゆまぬ努力で成長を続け、昨季はベストディフェンダー賞とリーグ戦ベスト5と個人2冠を獲得。リーグを代表する選手へと大きく飛躍を遂げた。

練習中の負傷から約1カ月後の今年1月、遠藤は宇都宮市内の体育館でチームとは別メニューのトレーニングに打ち込んでいた。端正なフォームで黙々とシュート練習を繰り返す様子は、修行僧のようにも映った。

「焦りはない?」。記者の問い掛けに「焦りはないです。今できることをやり続ければ、必ず元の場所に戻れると思っています」。穏やかな語り口に「芯」が感じられた。シャイで試合を離れればあまり感情を表に出さないタイプとはいえ、焦りがないはずはない。常に優勝が求められ、層の厚さを誇るブレックスで成長を続け、主力と呼ばれる存在に上り詰めた矜持が自らを支えているようだった。

遠藤は復帰8戦目となった第22節の川崎ブレイブサンダース戦で15得点、4リバウンド、スチール4本と攻守に躍動し、今季苦手としていた相手から初勝利を奪う原動力となった。プレータイムも今季最長の29分59秒。「自分が気持ちを前に出してプレーすれば、周りも付いてきてくれると信じていました。川崎のような強い相手と戦えることを楽しまなくては成長していけません」。ベテランの風格も備わり、心身共に完全復活したことを強く印象づける言葉だった。

未知のウイルスの影響で消化不良に終わった今季のブレックス。それでも「この経験も糧にできるはず。来季はもっと成長した姿をファンに見せられます」。コロナ禍の収束後、その不屈の魂は、さらにまばゆい輝きを放っていることだろう。

#22 PF
RYAN ROSSITER

それぞれの転機
Story②

ライアン・ロシター

成長続ける謙虚な「日本人エース」

新たな「日本人エース」の一挙手一投足に、ファンもメディアも熱い視線を注いだ。

バイウイーク明けの2019年12月7日。当時5連勝中の宇都宮ブレックスは大田原市の県北体育館での今季初ゲームに臨み、西地区の名古屋ダイヤモンドドルフィンズを迎え撃った。話題の中心となったのは連勝の更新より、前日6日に日本国籍を取得したばかりのライアン・ロシターだった。

最初にスコアを動かしたのはそのロシター。試合開始わずか16秒で巧みなステップからゴールを挙げると、比江島慎も3ポイントで続く。ロシターは直後に自ら奪ったボールをゴール前に運び、敵のファウルを誘った。普段は苦手とするフリースローも落ち着いて2本を成功させ、2855人を集めた会場を沸かせた。しかしブレックスが出だしの勢いを見せたのもそこまで。警戒していた日本代表の安藤周人に2本の3ポイントを許し、16-24と予想外の展開で10分間を終えた。

第2クオーター(Q)は橋本晃佑らのゴールで追撃したが、名古屋ダイヤモンドドルフィンズの執拗な守備の前にリズムに乗れない。ロシターはタフショットを強いられ、6本のシュートはことごとくリングを外れた。嫌な流れは後半も断ち切れない。第3Qは、一時38-37と勝ち越しながら、連続12失点で逆転を許す。第4Qは安藤に3ポイントを決められビハインドは最大の15点差。渡邉裕規はテクニカルファウルを宣告され、いらだちを隠さない。ブレックスはどこかの歯車が狂っていた。

この窮地を救ったのがロシターだった。「もっとアグレッシブにゴールへ迫らないとダメだ。トライし続けるんだ」。背番号22はベンチに戻り、激しい言葉で仲間を鼓舞。第4Qはその言葉通り自らギアを上げ、2分にはオフェンスリバウンドから15点目を挙げた。4分は正面やや右寄りの位置から鮮やかな3ポイント。64-68と追い上げた5分以降は怒濤の連続10得点を挙げ、大逆転の流れをつくる。この日は今季最多の32得点。「どうすればブレックスの得意な形に持ち込めるか。そこだけに集中した」。最後の1秒まで勝利を諦めないメンタリティー。チームの大黒柱たらしめる理由が、その言葉に凝縮されていた。

青柳修・文

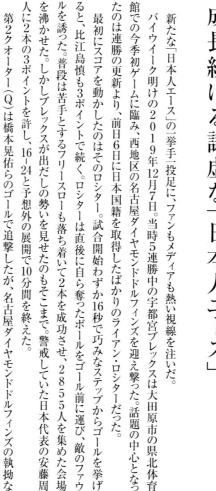

続く第11節の秋田ノーザンハピネッツ戦からは帰化枠で出場し、19得点、10リバウンドと3戦連続のダブルダブルを達成した。12月25日のクリスマスはブレックスアリーナ宇都宮で難敵の千葉ジェッツが相手。男子日本代表HC（ヘッドコーチ）のフリオ・ラマスらが視察した御前試合で両チーム最多タイの9リバウンドをマークした。ゴール下において国内屈指の強さを見せつけ、同じく日本国籍取得が噂される千葉のギャビン・エドワーズとともに代表入りを猛アピール。そして19年最後のホーム戦から40日後。夢は現実へと近づく。2月3日、FIBA（国際バスケットボール連盟）が主催するアジアカップ予選の代表候補合宿に初招集されたのだ。

13年に当時NBLのリンク栃木ブレックスに入団するため来日し、以来7年間チーム一筋で迎えた30歳のシーズン。当初は日本の文化、生活習慣に戸惑うことも少なくなかったというが、チームメートやファンと触れ合いを重ね、次第に日本人の奥ゆかしさと繊細さに惹かれていった。日本国籍取得を意識し始めたのはここ数年のこと。21年ぶりに予選を突破した昨夏のワールドカップを観戦し、代表入りへの思いはさらに強くなった。「日本国籍取得をブレックスのファンだけでなく、Bリーグのファンも喜んでくれたのはうれしかった。日本は自分の愛する故郷だ」。いずれ同じコートに立つだろう仲間と東京五輪でプレーすることも思い描き、日の丸への貢献を誓った。

その後に続く飛躍はまさに期待通り。2月下旬、無観客で行われたアウェー台湾戦で田臥勇太の背番号と同じ「0」を背負って代表デビューを果たすと、第1Q3分にレイアップから初ゴール。「継続したプレーの激しさとリーダーシップで力になる」と抱負通りのパフォーマンスで攻撃に活力を与え、17得点、19リバウンドをマーク。帰化枠を争う川崎のニック・ファジーカスやNBAウィザーズの八村塁らの不在の影響を感じさせず、チームは96-57で快勝した。千葉の富樫勇樹やシーホース三河の金丸晃輔ら錚々たる国内タレントが居並ぶ中、FIBAの評価もMVP級だった。

今季のレギュラーシーズンでハイライトと呼べるゲームは数多いが、特筆に値するのは19年10月23日、第5節のサンロッカーズ渋谷戦だろう。ブレックスはインサイドの要でもあるジェフ・ギブスと竹内公輔をケガで欠き、限られたメンバーでのローテーションが求められた。相手は同じ東地区で優勝を争うことになるだろうライバルであり、ホームの意地もある。戦前から苦しい展開が予想された一戦だったが、ロシターが奮闘。今季最長の約38分間の出場で29得点、ディフェンスリバウンドは15本。攻守で主役を張ったのは明らかだが、より鮮烈な印象を与えたのは泥臭くルーズボールに食らいつくプレースタイルだった。

「スタッツに表れないプレーこそベストなプレーだ。それを積み重ねていければ、おのずと勝利はついてくる」。3月14日のアウェー千葉戦は新型コロナウイルス感染拡大と担当審判員の予期せぬ熱発もあり、今季の最終戦に。この試合は7本の3ポイントを沈めた遠藤祐亮にヒーローの座こそ譲ったものの、激しいディフェンスから最後までチームにリズムを与え、間違いなく勝利の原動力だった。

全40試合に先発出場し、心身の充実ぶりを知らしめた今季。総決算のBリーグアワードでチームから唯一、レギュラーシーズンのベスト5に初選出されたロシター。当然と言えば当然の結果だが、「個人賞受賞はブレックスの成功が不可欠。シーズンを通し共にハードワークを続けてくれたコーチ、スタッフ、プレーヤーのみんなに感謝したい」と周囲の支えを強調した。絶えず高みを目指しながらも失われない謙虚さ。彼が成長し続ける理由はそこにある。

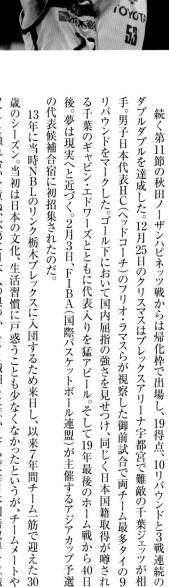

#7 PG
KAI TOEWS

それぞれの転機

Story ③

新天地で魅せたディープインパクト

選択は正しかった。そう確信させるパフォーマンスだった。

宇都宮ブレックスに今季途中から特別指定選手として入団したテーブス海。この米国から逆輸入された188㎝の大型ポイントガードは、Bリーグ第17節のサンロッカーズ渋谷戦でプロデビューし、12得点と躍動した。全米大学体育協会（NCAA）1部のノースカロライナ大ウィルミントン校（UNCW）でプレーした昨季は1試合平均7・7アシストをマークし、全米2位の結果を残している。Bリーグでも、高い得点能力を備えた司令塔という前評判に違わぬ輝きを放ち、獲得に動いた関係者も納得させた。

その瞬間を目撃するのに時間は掛からなかった。第1クオーター（Q）6分すぎ、ファンの大歓声を浴びてコートイン。2分後に右コーナーから鋭いバウンドのパスを逆サイドの山崎稜に供給し、早々とプロ初アシストを決める。第2Qは終盤にトランジションから一気にスピードを上げてペイント内に侵入し、シュートブロックに入った元スペイン代表セバスチャン・サイズをダブルクラッチでかわしゴール。直前の天皇杯全日本選手権を制して勢いに乗る相手にブレックスは前半で45-40とリードした。

青柳修・文

テーブス海

「パスファーストが自分のスタイル」と公言する21歳はインサイドに鋭いドリブルで切れ込む動きを見せながら、ヘルプディフェンスに伴いフリーとなる味方へのパスを常に狙っていた。その新人離れした能力を見せつけられた渋谷の伊佐勉ヘッドコーチ（HC）は、たまらず「彼のシュートはある程度容認せざるを得ない」とディフェンスの修正を余儀なくされたという。修正が奏功した渋谷は後半じわじわと追い上げ、ついには逆転勝利に成功。ブレックスには残念な結果に終わったものの、デビュー戦で強烈な存在感を発揮したテーブスの勇姿はチーム、ファンにとって実に頼もしく映ったことだろう。

神戸で生まれ育ち、バスケットボールを始めたのは10歳の頃。父は現在、Wリーグの富士通レッドウエーブで指揮を執るカナダ出身のBT・テーブス氏。才能は確実に受け継がれた。東洋大京北高時代は1年時から頭角を現し、当時NCAAに挑戦していたOBの田渡凌（現横浜ビー・コルセアーズ）の存在にも刺激を受け、米NBAへの憧れを少しずつ膨らませていった。

16歳の夏に渡米してから5年。全米中の注目を集める選手にまで成長を遂げたが、その道のりは決して平たんではなかった。父は当初、「お前には無理だ」と息子のNCAA挑戦に否定的だった。能力を疑っていたわけではない。タレントひしめく環境では、並外れた覚悟を持ってバスケと向き合わなければ、残酷な現実を突き付けられるだけと知っていたからだ。現地でも「バスケ後進国」からはるばるやって来た若者に対して冷ややかな見方が支配的だったという。だが、そんな周囲の声に対し本人は「だからこそ、やってやろうという気持ちになりました」と振り返る。ハイレベルな新天地を前にしても、持ち前の負けん気の強さでこれまで何度も逆境を乗り越えてきた自信が揺らぐことはなかった。

NCAAの日々を通して成長の手応えを感じる一方で、より高いレベルを目指したい欲求も強まった。「同じ（NCAA）1部でもカンファレンスによって力の差はある。今の環境のままでプレーを続けていたら、自分らしさを出すのは難しい」。だからこそBリーグ入りを決断し、実力者揃いのブレックスで挑戦することを選択した。見据えるのは当然、勝利への貢献であり、世界最高峰の舞台だ。

今季は福岡第一高校の河村勇輝も同じ特別指定選手として三遠ネオフェニックスからプロデビューし、テーブスとともに次世代を担う新星として注目された。年の差3歳の2人は、第21節の対戦でマッチアップ。コート上で激しく火花を散らして観客を沸かせ、近く訪れるであろう日本バスケットボールの新時代を予感させた。

「もちろん夢はNBA。その前にブレックスでリーグ優勝を味わいたい」。今季のテーブスの挑戦は新型コロナウイルス感染拡大の影響でわずか12試合に終わった。それでも1年目で残したインパクトは間違いなく、ファンの脳裏に深く刻まれた。

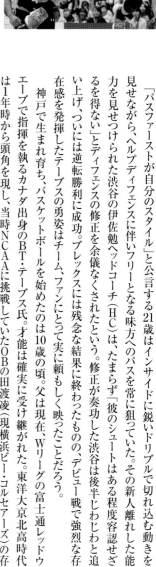

2019-20 IMPRESSIVE MATCH
インプレッシブマッチ 5+1

新型コロナウイルス感染拡大の影響で、史上初めてリーグ戦が途中で打ち切りとなった2019-20シーズン。宇都宮ブレックスは20試合を残し、31勝9敗の東地区2位となり、3季ぶりの王座奪還のチャンスを奪われた形となった。15連勝とクラブ新記録を記録するなど激動のシーズンから、印象に残った試合を選んでみた。

鷹箸浩・文

第3Q、ブレックスの遠藤（右）がディフェンスリバウンドを奪う

第5位 2019.10.19 シーホース三河戦（ブレックスアリーナ宇都宮）〇 92-86

非常事態にチームの底力、ホーム開幕戦制す

開幕節で連敗を喫したあと、続いたアウェーゲームを3連勝。待望のホーム開幕戦を迎えたブレックスは非常事態にあった。ギブス、竹内がケガで新加入したシャブリック・ランドルフも家庭の事情で欠場とインサイドのビッグマンが厳しい状況に。スタートでの出遅れを取り戻しこれからに弾みをつけたい一戦は、シーズン早々に今後に大きな影響を与えそうな戦いとなった。今季初のスターターとなった橋本晃佑が、相手センターに守備で奮闘。オフェンスでも3本の3ポイントシュートを決めるなど11得点の活躍。さらにガードの鵤誠司、遠藤らがビッグマンとマッチアップする時間をしっかり守り67-67で迎えた第4Qに突き放し点の取り合いを制した。チームの底力をみせ、今シーズンの戦いも期待できることを示した。

第2Q、ブレックスの鵤（中央）が相手ボールをスチールする

第2位 2020.1.29 アルバルク東京（ブレックスアリーナ宇都宮）〇 74-64

自分たちのバスケ取り戻し「らしさ」全開に

試合開始前にNBAロサンゼルス・レーカーズで活躍し、ヘリコプター事故で急死したコービー・ブライアントさんの黙とうが行われた。平日夜のゲームにもかかわらず4000人を超える観客が詰めかけ、この日の直接対決で勝った方が東地区首位というゲームを見守った。ブレックスは年末まで15連勝を記録していたが、連勝の最後の頃は持ち味が出せず「らしくない」試合が続き、年が明けてからは2勝4敗と苦しんでいた。守備の強度が高い両チームの一戦はロースコアの争いとなり、第1Qをテーブスのブザービーター 3ポイントシュートでリードしたブレックスは、前半を39-27とする狙い通りの展開。後半も竹内公輔らセンター陣の奮闘、渡邉裕規や比江島、ライアン・ロシターらの3ポイントシュートなどで得点を重ね快勝した。遠藤は「本来の姿を取り戻した」。この日誕生日の竹内は「これを機にブレックスらしいバスケットをやっていきたい」と話した。らしさを取り戻し、強さが際立った試合だった。

+1 2020.2.1 三遠ネオフェニックス戦（浜松アリーナ）〇 94-75

テーブスと河村、期待のPGがマッチアップ

今シーズンのBリーグで一番と言って良い話題が、滋賀レイクスターズに特別指定選手として入団した福岡第一高校のポイントガード（PG）河村勇輝。その河村とテーブスとの対戦が将来の日本バスケット界を担うPG対決として注目を集め4649人の入場者を記録。河村はスターターとして登場。第1Qにドライブからのレイアップ、3ポイントシュートを決めるなど、能力の高さを見せた。注目のテーブスとのマッチアップは第2Q残り7分39秒にテーブスがコートに入り実現。第4Qも含め約13分間、直接対決が実現した。この試合テーブスは8得点3アシスト、河村は10得点7アシストを記録。テーブスは「高校生とは思えない」と河村を評した。

第1位

2020.2.9
川崎ブレイブサンダース戦（ブレックスアリーナ宇都宮）　○76-67

「これがブレックス」。意地とプライドで難敵撃破

川崎には今シーズンのBリーグ開幕戦カードで、横浜アリーナで激突し敗れ、第２戦も14点差を逆転され連敗。リベンジを期したホームでの前日の試合も接戦で落とし３敗目を喫していた。天皇杯でも準決勝で対戦し敗れている。それぞれ地区首位を守っておりCS（チャンピオンシップ）で対戦することが必至。是が非でも勝っておかなければならないゲームだった。10点ビハインドの劣勢で前半を折り返したブレックスは、第３クォーター（Q）開始からディフェンスの強度を上げる。比江島慎、ジェフ・ギブスのスチールやギブスの活躍で差を詰め、第4Qに10-0のランで逆転。一時逆転を許したが、直後に遠藤祐亮のスチールからの得点で再びリードしそのまま逃げ切った。安齋竜三ヘッドコーチ（ＨＣ）は「これがブレックスだという試合ができた」と語った。過去最多の4740人の入場者を集めた試合は、ブレックスの意地とプライドにあふれた一戦で、王者奪還への道を確信させるものだった。

第3Q、ブレックスのギブスがシュートを決める

第4Q、激しいディフェンスでボールを奪うブレックスのギブス（中央）と鮎（左）

第3位

2020.3.14
千葉ジェッツ戦（船橋アリーナ）　○ 88-80

中断明けで宿敵に快勝も今季の最終戦に

新型コロナウイルス感染拡大の影響でリーグ戦の延期による約１カ月の中断を挟んで再開したこの試合は、リーグ史上初めての無観客で行われ、記録にも記憶にも残る試合となった。歓声が全くなく、選手の声やシューズが床とこすれる音、ボールがゴールリングに当たる音などが響く試合は、選手たちが「違和感」「やりにくかった」と口をそろえた。東地区で毎シーズン優勝を争う両チーム、競り合う展開となった前半はブレックスが２点リードで折り返し。後半は守備の強度を上げ、第3Qに４本のスチールを奪うなど点差を広げ、第4Qも危なげなくリードを保ち勝利した。特に遠藤は3ポイントシュートを８本中７本決めるなど26得点の活躍だった。中断後も首位を守った一戦で宿敵に快勝したブレックスはシーズン終盤に向け充実した力を見せた。しかし、翌日の試合が審判員の発熱で中止となり、この試合が結果的に今季最終戦となり、東地区優勝も３期ぶりの王座奪還への道も絶たれることになった。

第4位

2020.1.15
サンロッカーズ渋谷戦（ブレックスアリーナ宇都宮）　●84-88

期待のテーブス、天皇杯王者戦でデビュー

その時は第1Qの残り3分9秒にやってきた。ブレックス期待のルーキー、特別指定選手のテーブス海がいきなりのデビューを飾った。NCAAディビジョン1の大学から電撃入団、前日に入団会見をしたばかりだった。渋谷は3日前の天皇杯で王座を獲得後の初戦、ブレックスは地区首位をキープしていたが、天皇杯準決勝で大敗を喫しており、両チームにとって大事な試合。テーブスはコートに入ってすぐに山崎亮の3ポイントシュートをアシスト、続いて正面から3ポイントを決めて初得点をマークした。結局20分23秒のプレータイムを得て12得点2アシストを記録。安齋ＨＣは「今後、彼の特長がチームにもたらされると思うと楽しみ」とコメント。広い視野とパスセンスの良さを発揮し、試合には敗れたが新たな戦力としてシーズン後半の大きな戦力になることを予感させた。

第1Q、パスを出すブレックスのテーブス（右）

fast break 第2位
比江島慎のファストブレイクポイント

2019.**12.25**

千葉ジェッツ戦（ブレックスアリーナ宇都宮） **○82-79**

序盤の出遅れはあったものの、尻上がりに調子を上げてきた宿命のライバル千葉との今季2戦目。ブレックスはクラブレコードの13連勝が懸かっていた。力が拮抗したビッグクラブ同士の一戦は当然ながら終盤まで一進一退のしびれる展開。その中で存在感を際立たせたのはチーム最多17得点を挙げた比江島慎だった。52-45とリードした第3Q5分には自陣ゴール前で奪ったボールをドリブルで敵陣までプッシュし、ゴール前で後方の味方にパスをすると見せかけて自らレイアップを決めた。背後を追い掛けてきたマイケル・パーカー、コー・フリッピンはブロックショットを狙ったが、動きに惑わされた。今季は泥臭い守備も見せてチームの信頼を勝ち取ったが、本来の持ち味はオフェンス。そのプレーに「らしさ」が凝縮されていた。

2019-20 BEST PLAY 5
シーズンベストプレー

無情のシーズン打ち切りで宇都宮ブレックスが目指した王座奪還はかなわなかった。それでも選手は最後まで自分たちの持てる力を信じ一つの勝利を重ね続けた。ファンもその魂のプレーに魅了された。担当記者が独断で選んだベスト5を紹介する。 青柳修・文

第4位
テーブス海のダブルクラッチ double clutch

2020.**1.15** **サンロッカーズ渋谷戦**（ブレックスアリーナ宇都宮） **●84-88**

今季途中から加入したPGのパフォーマンスでこの場面を取り上げないわけにはいかない。それだけの衝撃を間違いなくファンに与えた。第2Q終盤に急加速したドリブルでボールを一気に敵陣ゴール下まで運ぶと、レイアップの体勢で渋谷のセバスチャン・サイズが視界に入るやボールを右手から左手に持ち替えてネットを揺らした。チーム合流3日目。それもまだ21歳の特別指定選手。地区優勝を争う東地区のライバル相手に第1Qからデビューするのも異例だったが、チームプレーが優先されるブレックスにおいて派手なパフォーマンスで指揮官の期待に応えた強心臓ぶりもすごかった。「あのプレーでBリーグでもやれる自信がついた」と振り返ったように、キャリアのターニングポイントとなる予感すら漂った。

jump shot
第5位 渡邉裕規のジャンプショット

2019.**9.16**

Early Cup 関東決勝 アルバルク東京戦（船橋アリーナ） **○82-78**

レギュラーシーズンの行方を占う前哨戦には違いないが、安斎竜三HCに初タイトルをもたらし、東地区のライバルに競り勝った意義は小さくない。その初戦の横浜戦でブレックスらしさはなかったが、準決勝でホーム同然の千葉を退けて勢いに乗った。決勝はリーグ屈指のディフェンス力を誇る相手に最大16点差をつけられながら、第4Qに遠藤、比江島らのゴールで追い付く底力を発揮。勝負を決めたのは渡邉。78-78で迎えた残り6秒。小刻みなバックステップを踏み、しなやかな腕の振りから勝ち越しゴールを奪った。「パスを選択してチャンスを失うよりも、思い切ってゴールを狙った」。その言葉通り、状況把握と決断力の高さを証明した背番号13。チーム事情でレギュラーシーズンはシックスマンに徹せざるを得なかったが、その存在感は間違いなく千両役者と呼べるものだった。

第1位　steal
遠藤祐亮の連続スチール

2020.2.9　○76-67
川崎ブレイブサンダース戦（ブレックスアリーナ宇都宮）

前日のGAME1に競り負けて迎えた川崎との今季最終戦。負ければレギュラーシーズン４戦全敗となり、その後のチャンピオンシップを見据えれば何としても勝利が欲しかったブレックス。チームの思いをコートで体現した一人が遠藤祐亮。2点ビハインドで入った勝負の第4クォーター（Q）。立ち上がりにセカンドチャンスから竹内公輔のゴールで56-56と追い付くと、直後の守備で遠藤は狙い澄ましたような鋭い飛び出しから川崎の辻直人、熊谷尚也を相手に連続スチールを決めた。ディフェンスでリズムをつかんだチームはここから8連続得点と一気に流れを引き寄せ、初勝利につなげた。今季の遠藤は度重なるケガで戦線を離脱するなど納得のシーズンではなかったが、この日はリーグ屈指の守備職人としての輝きを放ち、ブレックスに「遠藤あり」をまざまざと見せつけた面目躍如のプレーだった。

第3位　buzzer beater
渡邉裕規のロングブザービーター

2019.11.2
アルバルク東京戦（ブレックスアリーナ宇都宮）　○79-71

今季東地区で激しく首位争いを繰り広げたＡ東京との第２戦。まだシーズン序盤とは言え、第１戦で残り6秒から逆転負けしていただけに絶対に落とせない一戦だった。だが、そのプレッシャーをむしろ楽しむように躍動したのが渡邉裕規だった。4点を追う第3Q終盤。シュートのこぼれ球を拾ってハーフライン付近からシュートを放つと、ボールは勢いよくボードに当たってリングに吸い込まれた。1点差に縮めたブレックスは第4Qで主導権を握り、ディフェンスは失点を12に抑えてライバルに逆転勝ち。試合後の渡邉は「休日返上で練習してきた甲斐があった」とおどけてみせたが、精度以上に称賛されるべきは残り時間わずかの状況からシュートを選択できる判断力。チームはそこから勢いに乗った。プレーだけでなく、まさに魂で牽引した。

勇者たちの素顔「FACE」

〝チームメートとバスケがしたい〟という思いが、より強くなった

田臥勇太

YUTA TABUSE

――2019-20シーズンの総括をお願いします。

　開幕戦は2連敗しましたが、昨シーズンからメンバーもほとんど変わらなかったということもあり、そこからはしっかりとチームも立て直し、積み上げることができました。一人一人が責任感を持って自分の仕事を全うしようとする気持ちが昨シーズン以上に表れていました。チームとして手応えを感じている中で、シーズン終盤、CS（チャンピオンシップ）に挑めるのでないか、という感触はありました。

――それだけにシーズンが途中で終了となってしまったのは残念でした。

　こうした状況なので、やはり安全が第一です。プレーヤーも、ファンの方も、スタッフも、関わる全ての方が安心して試合ができないと…という気持ちがあります。やはり、そこが一番だと思いますので、こういう決断をしてくださったリーグには感謝しています。

――今シーズンはケガで出場できない期間もありましたが、ご自身にとってはどのようなシーズンになりましたか。

　シーズンの序盤にしか試合に出られなかったので、非常に悔しいシーズンになりました。あとは、やはり「みんなとバスケがしたい」という思いが、より強くなりました。チームメートがプレーする姿を観ては、それをさらに強く感じたシーズンでした。

――今シーズンのベストゲームはどの試合でしたか。

　勝った試合の中にはいい試合がたくさんあったと思いますが、僕はむしろ、負けた試合が印象に残っています。特に天皇杯（1月11日）の川崎ブレイブサンダースとの試合は、内容云々ではなくて、あそこでもう一度しっかり気を引き締めて後半戦に向かって行こうという、気持ちの切り替えになるような試合だったと思います。

　あの敗戦が、後半戦にどう響くのか、どうプラスに変えていくのかを見たかったという気持ちもありました。だから「ベストゲーム」ではないですが、今後ステップアップするために、この負けがいい薬になればいいなと思っていました。

　あの時は、川崎も1試合に懸ける思いがすごく強かったですし、シーズン後半戦に向けて、1試合1試合を大事にしなきゃいけないなと思える、教訓になった試合でもありました。

――田臥選手が選ぶ、今シーズンのベストプレーヤーは誰ですか。

　「みんな」って言いたいですね。本当にみんな頑張ってくれていたので。毎試合毎試合、それぞれの選手が持ち味を発揮しながら、カバーし合いながらプレーしていたので、チーム力も高かったんじゃないかなと思います。今、こうして「みんな」って答えることができて良かったなと思っています。

――自身のベストプレーはいつの試合ですか。

　僕はもう、来シーズンに向けて…という思いしかないです。あらためてファンの方のありがたみを感じられたシーズンだったので、ファンの皆さんには感謝していますし、またみんなと一緒に戦えるように…という思いに尽きます。

――対戦した中で、印象に残っている選手（チーム）はありますか。

　今シーズンに関しては、やはり川崎です。気合の入り方が、これまでとちょっと違うなと感じましたし、〝今シーズンに懸けてる感〟が常に感じられました。

　印象に残った選手は、アルバルク東京の（安藤）誓哉選手です。経験を積んだこともあって、彼自身が持っている良さを発揮して、コンスタントに活躍している印象を受けました。なので、誓哉には密かに期待しています。

――ファンの皆さんにメッセージをお願いします。

　今シーズンも応援ありがとうございました。今、大変な状況ですが、みんなで乗り越えて、また皆さんとバスケットができる日を楽しみしています。引き続き応援よろしくお願いいたします。

藤井洋子・文　山田壮司／青柳修・写真

勇者たちの素顔

FACE #0

ケガの影響でシーズン序盤しかプレーできなかったが、
その存在感が揺らぐことはない。試合だけでなく、
練習や準備も含め、バスケットに全てを懸ける姿勢と
プロ意識の高さは、唯一無二と言えるだろう

OFF COURT オフコート FACE #0

田臥勇太

【 たぶせ ゆうた 】

1980年10月5日生まれ、神奈川県出身。
173㎝、70㎏。能代工業高校時代に高校総体、
国体、選抜大会の「高校３冠」を３年連続で達成。
ブリガムヤング大学ハワイ校卒業後、トヨタ自動車で
１年プレーしたのち、NBA挑戦のため渡米。2004年、
NBAフェニックス・サンズでプレー。その後米国
マイナーリーグなどでプレーし、2008-09シーズンより
ブレックス。2014-15シーズンよりキャプテンを務める。

YUTA TABUSE

Q. 毎日、どのように過ごしてる?
基本は家にいますが、トレーニングの時間を作って、家の周りを走るなど、やっていい範囲でトレーニングをしています。

Q. 最近、感銘を受けた本、マンガ、アニメ、映画は?
今、Netflixでマイケル・ジョーダンの「ザ・ラストダンス」というドキュメンタリーをやっているのですが、それが毎週アップされるのをすごく楽しみにしています。

Q.「勝負メシ」は何?
試合前に絶対に食べるものは特にないですね。メニューというわけではないですが、試合前は炭水化物を多めにして、試合後はタンパク質をしっかり取るようにしています。その中で、魚か肉か、うどんか米か…というように、メニューはその時の気分で変えています。

Q. 好きな食べ物は?
生姜焼きは、どこに行っても頼みます。生姜焼きは大好きなので。

Q. 嫌いな食べ物は?
パクチー、セロリ、ミョウガ。これが嫌いな食べ物の3トップです。中でも、ミョウガが一番苦手かもしれません。

Q. 自分にテーマ曲を付けるとしたら?
Alan Parsons Project(アラン・パーソンズ・プロジェクト)の「シリウス」という曲です。シカゴ・ブルズの選手紹介の時に流れる曲なんですけど、今、ジョーダンのドキュメンタリーを観ているので、それしか頭に浮かばないです。この曲が流れると、もうテンションが上がっちゃいますね(笑)。

Q. 好きなNBA選手は?
クリス・ポールです。彼自身のプレーも含めた"試合の支配の仕方"は、非常に勉強になります。(八村)塁がNBAに入ってからは、塁の試合もよく観るようになりました。なのでワシントン・ウィザーズの試合は、ほぼ欠かさず観ています。

とっておきの1枚。

リハビリ中のワンカット。チームメート、そして皆さんとまたバスケットができる日を楽しみにしています!

Q. これまで、人に言われてグッときた言葉は?
折茂さんから「長く現役を続けられるように頑張れ」と言ってもらえたことです。感謝の気持ちと、とても重みを感じました。
(※折茂武彦氏は、レバンガ北海道の元選手兼社長。Bリーグ最年長の選手であり、5月で50歳を迎えたが、今シーズン限りで引退となった)

Q. バスケ選手になっていなかったら何になっていた?
おそらく、ほかのスポーツを頑張っていたと思います。僕は小さい頃、水泳をやっていたので、水泳選手を目指していたかもしれません。

Q. 女性のどういう仕草にグッとくる?
笑顔です。

Q. 無人島に一つだけ持っていくとしたら?
シュノーケル。海でサバイバルするなら、絶対に必要ですから。海で頑張りたいタイプなので(笑)。

Q. 明日、世界が終わるとしたら何をする?
最後はジタバタせず、友人とか誰かしらと会って、ゆっくり過ごしたいです。旅行に行きたいですけど、行ってる間に終わっちゃいますよね。あとは、暴飲暴食というか、「何も気にせず食べる」、ということも頭に浮かんだんですけど、すぐにお腹いっぱいになっちゃいますしね(笑)。

Q. ポテトチップスなどのスナック菓子はずっと食べていないそうですが、それは本当?
本当に食べていないです。あれば一つぐらいはつまみますけど、自分ではもう何年も買っていません。

Q. 明日世界が終わるとしても、食べたいとは思わない?
そうですね。「買っといて」って感じです(笑)。人が集まる時に、いろいろ買っておいてくれれば、つまみます。その程度で十分ですね。

比江島 慎

MAKOTO HIEJIMA

これを乗り越えた時には、また素晴らしい未来が待っている

藤井洋子・文　山田壮司・写真

――2019-20シーズンの総括をお願いします。

2018-19シーズンとほぼメンバーも変わらない中でしたが、今シーズンは昨シーズン以上に優勝への気持ちが高かったと思います。ケガ人がいた時期もありましたが、試合に出る選手がカバーしながら、"全員バスケ"で戦い、連勝できていました。自分たちが目標にしてきたリーグ1位、東地区1位という位置をほとんどキープできていたという意味では、良い部分もあったんじゃないかなと思います。

――ご自身のプレーについてはいかがですか。

ワールドカップ(W杯)の反省を生かして、ディフェンス面の向上はできたと思います。僕は2018-19シーズンにブレックスに加わり、それからシステムとか、いろんなものに適応してやってきましたが、そうした中でも自分の得意なドライブを精度高くやれた部分もあるかなと思います。でも、体を使うドライブや外国籍選手に体を使ってファウルをもらうプレー、相手を跳ばせない状態でシュートを打つことや、シーズン終盤は3ポイントシュートの精度も少し落ちてきてしまったので、そういったところはまだまだ改善の余地はあると思っています。

――今シーズンのベストゲームを教えてください。

チームとしてのベストゲームは、川崎ブレイブサンダースに勝った試合(2月9日)です。川崎はリーグ1位のチームですし、それまで僕らは川崎に全敗していたので、もう負けられないという状況でした。川崎に全敗で終わってしまう可能性もあった中で、チームがやろうとしてきたバスケ、用意していたディフェンスの遂行力が高く、質の高いバスケができました。40分間集中し続けられた試合だったので、この試合を選びました。

――比江島選手が選ぶ、今シーズンのベストプレーヤーは誰ですか。

ベストプレーヤーというとライアン(ロシター)になってきますけど…。でも、ハッシー(橋本晃佑)ですね。オフシーズンから代表で活躍したのもそうですし、今シーズン、一番成長した選手だと思います。(竹内)公輔さんやジェフ(ギブス)がケガでプレーできなかった時期にも、彼がチームを救ってくれたのが大きかったです。実際、ケガ人がいる時期は連敗してもおかしくない状況だったと思いますし、シーホース三河、千葉ジェッツ、サンロッカーズ渋谷と、強いチームとの試合がある中でも勝ち続けることができたのは、間違いなく彼の活躍のお陰だったと思います。だから、自信を持ってほしいですね。

――自身のベストプレーはいつの試合ですか。

クリスマス(2019年12月25日)の千葉との試合です。第3Q(残り4分47秒)だったと思うんですけど、僕がスティールして、マイケル・パーカーとコー・フリッピンが追いかけてきたのですが、そこでフェイクしてレイアップを決めた試合です。チームも勢いに乗れて、流れを変えられたプレーではあったと思うので、そのプレーを選びました。他はまったく覚えていないので、それぐらいしかないですね(笑)。

――対戦した中で、印象に残っている選手(チーム)はありますか。

今シーズンに関しては、間違いなく川崎です。特に藤井(祐眞)選手は、リーグの中でも突出していました。(篠山)竜青さんがケガしていた時期にチームを引っ張っていて、抑えるのも難しい時もありました。例えば、2月8日の試合でも、彼に対してあらゆるディフェンスの守り方を用意していたんですけど、それもことごとくやられたというか。何をしても抑えられなかったという状態でしたし、彼はディフェンスで流れを持ってくることができるタイプでもあるので、そういった部分でもやられたシーンが多かったです。川崎はチーム全員が良かったと思いますけど、彼の成長が、川崎をもうワンランク、レベルアップさせたんじゃないでしょうか。

――ファンの皆さんにメッセージをお願いします。

今シーズンも応援ありがとうございました。今シーズン、目標にしてきた「優勝」は、来シーズンの目標に変わっていきます。こういう状況が続いてネガティブになってしまうこともあると思いますが、その分、乗り越えた時にはまた素晴らしい未来が待っていると思うので、ブレアリで皆さんに会える日を楽しみにしています。

きっと、こういうことを乗り越えての優勝は、今まで味わったことのない嬉しさもあると思うので、それを楽しみにしながら頑張って乗り越えていきましょう。来シーズンも、引き続き応援、よろしくお願いします。

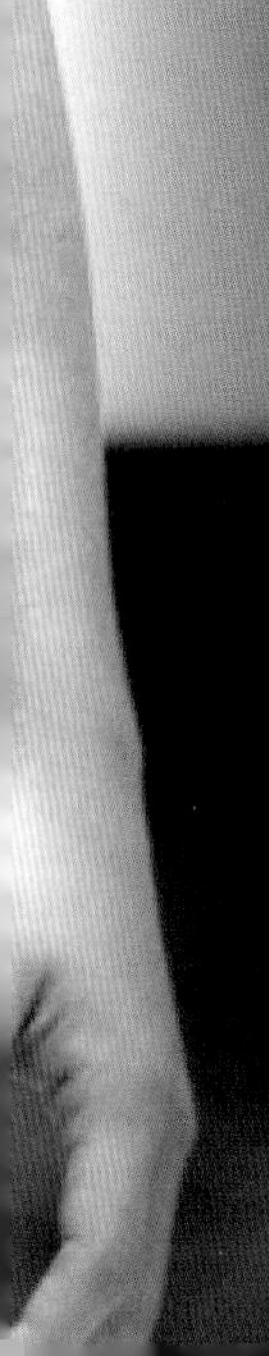

勇者たちの素顔 FACE #6

ドライブ、パス、得点力のある選手が、
今シーズンは守備力にも磨きを掛けた。
一つ一つ武器を携えながら、常に上を目指す。
この向上心こそが、エースとしての
プライドでもあるのだろう。

MA

【 ひえじま まこと 】

1990年8月11日生まれ、
福岡県出身。190㎝、88㎏。
青山学院大学→
2013年シーホース三河(5シーズン在籍)→
18年ブリスベン・ブレッツ(オーストラリア)→
19年1月からブレックス。
日本代表としては、13年FIBAアジア選手権9位、
東アジアバスケットボール
選手権大会3位など毎年選出。
東京五輪出場に期待が掛かる、日本のエース。

OFF COURT オフコート FACE #6

比江島慎

MAKOTO HIEJI

Q. 毎日、どのように過ごしてる?

家でできるメニューをもらって、やれる時間にトレーニングしています。僕の場合は家にダンベルもあるので、ダンベルを使ってトレーニングしたりもします。あとは、たまに本を読んだり、動画を観たり…という感じです。

オンラインインタビュー♪

Q. 最近、感銘を受けた本、マンガ、アニメ、映画は?

Netflixで観た「梨泰院(イテウォン)クラス」という韓国のドラマは、最近、観た中では、ずば抜けて面白かったです。恋愛の要素もあるし、復讐というか、「半沢直樹」のような熱いドラマです。みんな観てもらえればスカッとすると思うし、捉え方も変わるんじゃないかなと思います。めちゃめちゃ長いですけど、きっと、あっという間に終わります(笑)。

Q.「勝負メシ」は何?

お肉。焼肉がいいですね。牛肉も鶏肉も豚肉もなんでも食べます。

Q. 自分にテーマ曲を付けるとしたら?

最近好きなのは、ONE OK ROCKの「Wasted Nights」。ゆったりからバーンとはじける感じがいいですね。

Q. 好きなNBA選手は?

自分が目標としている選手は、ボストン・セルティックスのジェイソン・テイタム選手。そんなにスピードがあるわけではないんですけど、バスケットはすごくうまい。フェイクを多用したり、体を当ててフィニッシュしたり。ステップも多彩ですし、すごく参考にする部分があります。もう、セルティックスのエースというところまできていると思います。

Q. これまで、人に言われてグッときた言葉は?

僕は落ち込んでしまったり、過去の失敗を引きずったり、マイナスなことを考えたりもするんですけど、ある人が「自分は過去なんか気にしない」「前しか向かない」「どうせ同じ時間が流れるのであれば、前向きなことを考えていないともったいない」と言っていて、確かにそうだなと思いました。この言葉は、いろんな人の言葉をつなげていますけど、その一人は、ラグビー元日本代表の五郎丸歩選手です。

Q. バスケ選手になっていなかったら何になっていた?

完全に地元で働いていたと思います。…大工さんとかかな?

Q. チームメートの秘密をこっそり教えて。

公輔さんは、めっちゃ口が軽い(笑)。公輔さんに話したことは、公輔さんの家族にも知られているし、チームメートにも確実に情報がいっている(笑)。

Q. 女性のどういう仕草にグッとくる?

足を組み直す仕草。

Q. 無人島に一つだけ持っていくとしたら?

最近料理をしていますし、ナイフがあれば料理やそれ以外のことにも役立ちそうな気がします。

Q. 明日、世界が終わるとしたら何をする?

悪い事をしちゃうかもしれないですね。それと、おいしいものを食べると思います。チキン南蛮、カレー、お肉…。あとは、地元に帰ったりとか、できることはしたいです。本当は旅行をしたいですけど、移動で終わっちゃいますよね(笑)。

とっておきの1枚。

福岡ソフトバンクホークスの大のファンで、野球観戦が大好きということもあって、西武ドームに行った時の写真を選びました。自分のリーグ戦中にも行っていたくらい好きで、実は、練習が終わってから行ったこともあります。この写真は、クライマックスシリーズということもあって、とにかく熱かったです。もちろん応援歌も歌えるし、同じ背番号の今宮健太選手のシャツを着て、アウェーの席にドカッと座って観戦しました。昨シーズンは、ヤフオク、千葉、西武、京セラ、東京にいきました。千葉の試合では、田口(成浩)選手とも遭遇しました(笑)。日本シリーズの時は5戦目のチケットを買っていて、行く気満々だったんですけど、まさかのソフトバンクが4連勝で優勝したので、その場に立ち合えませんでした。でも優勝して良かったです!

竹内公輔

KOSUKE TAKEUCHI

——2019-20シーズンの総括をお願いします。

状況的に仕方のないことだと思うので割り切ってはいますが、最終的に順位が2位で終わってしまったのは、少し納得いかない部分もあって、来シーズンは絶対に地区優勝してやる！　という気持ちになりました。今シーズンは開幕戦で川崎ブレイブサンダースに惨敗してしまいましたが、そこからよく立て直したなと思います。ただ、川崎には1勝しかできなかったので、やっぱり悔しいですね。川崎にしてみれば、昨シーズン、ブレックスに惨敗したので、「今シーズンこそは」という気持ちが強かったと思いますし、逆に自分たちは「昨シーズンは勝っているし、大丈夫だろう」という気持ちがどこかにあったのかもしれません。来シーズンは絶対にそういう気持ちを持ってはいけないと思いました。

——このままいけば優勝を狙えるという手応えは感じていましたか。

シーズン終盤は東地区のチームとの試合が多く予定されていたので、最後まで試合をしていたらどうなるかは分からなかったですけど、手応えはありました。もちろん、東地区はレベルが高いので、CS（チャンピオンシップ）のホームコート開催権を取らないと優勝できないとは思っていましたが、あのまま地区1位で最後までいけたら、なんとか決勝までは行けたんじゃないかなという期待感はありました。

藤井洋子・文　山田壮司・写真

勇者たちの素顔 FACE #10

「ケガもあり、なかなかコンディションを掴むのが難しかった」と話すが、
出場した試合では外国籍選手と渡り合い、
リバウンドを奪取するなど、しっかりとした存在感を発揮した。
万全な状態で臨む新シーズンには、さらなる躍動に期待が膨らむ。

――ご自身のプレーについてはいかがですか。

開幕して2週目ぐらいですぐにケガをして、それでコンディションも落ちて、戻すのに時間が掛かり、戻ったと思ったらインフルエンザになってコンディションが落ちて…という感じで、若い時と違ってコンディションを取り戻すのに、苦労したなという感覚はありました。

――今シーズンのベストゲームを教えてください。

川崎に勝った試合(2月9日)です。同じチームに、(天皇杯も入れて)5回負けていたら、それはこの上ない屈辱です。しかもホームだったので、何がなんでも勝ちたいという気持ちがありました。あの試合は、前半で10点ぐらい負けていたのですが、後半は自分達らしさを出して逆転できたので、あれがベストゲームだったと思います。

また、あの〝すごい声援〟を聴けるのを楽しみにしている

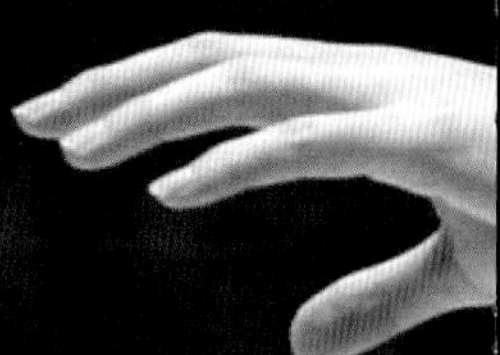

――竹内選手が選ぶ、今シーズンのベストプレーヤーは誰ですか。

ライアン(ロシター)です。コート内で、一番チームを引っ張ってくれたのはライアンだと思いますし、帰化をして、日本代表でも活躍していました。帰化するためには一定期間日本にいないといけないので、昨シーズンはシーズンが終わってからも、なかなかアメリカに帰れませんでした。自分の国で満足にシーズンオフも取れなかったのに、シーズンが始まればちゃんと結果を出してチームを引っ張ってくれる。僕の中ではライアン以外には考えられないです。

――自身のベストプレーはいつの試合ですか。

ベストプレーというわけではないですが、僕が印象に残っているのは、自分の誕生日(1月29日)にホームで試合ができて、その試合(アルバルク東京)に勝ったことです。自分の誕生日に試合をしたことは今までも何回かはあったんですけど、ホーム戦だったのは初めてでしたし、試合後にあんなに大勢の人たちにバースデーソングを歌ってもらったりして。そういう経験って普通の人はできないというか、試合に勝たないとまず祝ってもらえないですし、しかも4千人以上の人に祝ってもらえるなんて、滅多にないことなのですごく印象に残っています。

――この試合は、竹内選手はプレーでも活躍されていましたね。

実は試合内容はあんまり覚えていないんです。子どもがいるので家族はナイトゲームに普段あまり来れないですが、あの日は誕生日だったので子どもたちも来てくれて、眠い中応援してくれました。しかも自分の顔がプリントされたTシャツも販売されていて、ファンの方々もたくさんそれを着てくれていたので、そっちの方が印象に残ってしまって。僕のTシャツなんて売れるのかなって最初は思っていたんですけど、完売したみたいで良かったです。

――対戦した中で、印象に残っている選手(チーム)はありますか。

川崎ブレイブサンダースです。その中でもジョーダン・ヒース選手と藤井祐眞選手が印象に残っています。藤井選手は前からすごい選手というのは知っていましたが、篠山(竜青)選手がケガをした後、シックスマンという役割からスタートに変わり、40分間ゲームを作ってアグレッシブにプレーしていました。疲労は相当あったと思いますが、自分がステップアップするための試練と捉えて頑張っていたと思いますし、すごく成長したなと感じました。

ジョーダン・ヒース選手は、今シーズン初めて日本に来た選手です。僕が思うに、川崎は(ニック)ファジーカスのチームだと思うんですけど、ヒースはそういうこともあまり知らない中で、ファジーカスのチームということを受け入れて、彼のために動き、彼をディフェンスでもカバーしていました。すごく川崎にフィットしている選手だと思いましたし、すごく厄介な選手だとも感じました。もし来シーズンもメンバーが変わらないとなると、ファジーカス、ヒース、藤井も入れて「ビッグ3」ということで、ちょっと厄介になりますね。

――ファンの皆さんにメッセージをお願いします。

こういう形でシーズンが終わってしまい、僕たちもそうですが、ファンの皆さんも不完全燃焼だと思います。リーグが再開した時には皆さんに元気な姿を見せられるようにしたいと思いますし、僕たちは、あの〝すごい声援〟を聴けるのを楽しみにしているので、今はお互い体に気を付けて一緒に頑張りましょう。

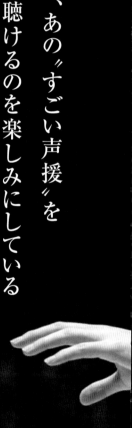

【 たけうち こうすけ 】

1985年１月29日生まれ、大阪府出身。206㎝、98㎏。
慶應義塾大学時代にはインカレ優勝、
関東１部優勝、リバウンド王を３年連続で獲得。
2007年アイシンシーホース（現シーホース三河）に入団。
新人王獲得、ブロックショット１位（４年連続）、
オールジャパンベスト5などを獲得。
2011年トヨタアルバルク（現アルバルク東京）、
14年に広島ドラゴンフライズに移籍し、
2016-17より栃木ブレックス。ディフェンス、リバウンド、
ブロック、シュートをこなす日本人屈指のビッグマン。

OFF COURT《オフコート》 FACE #10

竹内公輔

Q. 毎日、どのように過ごしてる?
家でトレーニングしたり、のんびりしたりという感じです。もともと、あまり外に出るタイプではないので、苦にはならないです。

Q. 最近、感銘を受けた本、マンガ、アニメ、映画は?
Netflixのマイケル・ジョーダンの動画（ザ・ラストダンス）は毎週楽しみに観ています。

Q.「勝負メシ」は何?
今はあまり動けないので、食べる物にとても気を使っていて、朝食だけ自分で作っています。オートミールにプロテインを混ぜて食べるという、ボディービルダーが食べるような食事をしています。

Q. 自分にテーマ曲を付けるとしたら?
テーマ曲ではないですけど、最近はずっとDragon Ashを聴いています。

Q. 好きなNBA選手は?
レブロン・ジェームスです。プレーはもちろんですが、僕はレブロンと同じ年なので、同じ年で未だにバリバリのトップ選手っていうのはすごいなと。もう一つすごいのが、社会貢献活動です。学校を建てて授業料を無料にしたり、普通の人ならできないようなことを、もちろんお金もたくさん持っているんですけど、そういう活動も熱心にされているので、プレーだけじゃなくて人として尊敬しています。

Q. バスケ選手になっていなかったら何になっていた?
経営する側の仕事をしていたと思います。好きで儲かる仕事がベストですけど、好きな仕事か儲かる仕事のどちらかといったら、儲かる仕事を選ぶと思います。

Q. ビジネス書などを読んで勉強している?
本は、電子書籍で読むんですけど、「インベスター Z」というマンガは、株の勉強になりました。ほかにも「スタンフォード式 疲れない体」は、疲労のとり方や呼吸の仕方などが書かれていて面白かったので、結構前に買った本ですがちょくちょく読み返したりしています。あとは、テニスプレーヤーのノバク・ジョコビッチの「ジョコビッチの生まれ変わる食事」という栄養に関する本とか。とりあえず読んでみて、良かったら取り入れています。

Q. 無人島に一つだけ持っていくとしたら?
何でもできるので、スマートフォン。電波がない設定なら、ナイフかな。

Q. 明日、世界が終わるとしたら何をする?
家族と過ごします。

とっておきの1枚。

つい最近、クロスバイクを買いました。僕のサイズは日本になくてアメリカから取り寄せたんですけど、店舗に組み立ててもらって、やっと先日、手元に届きました。有酸素運動を兼ねて、宇都宮市内を漕いで回ろうかなと思っています。

渡邉裕規

HIRONORI WATANABE

こういう苦境を乗り越えてこそ、バスケット界も、ブレックスも飛躍していくと思う

――２０１９-20シーズンの総括をお願いします。

途中でシーズンが終わってしまって非常に残念です。いいシーズンではありましたが、結果的にレギュラーシーズン東地区2位なので、納得のいく結果ではありませんでした。試合を全部やり切れなかったことが一番悔しいです。

――ご自身のプレーについてはいかがですか。

僕は、個人としての目標はあまり立てないので、チームが優勝すること、チームのために貢献することが個人的な目標でした。こうすれば良かったなという部分を挙げたらきりがないですが、試合に出て勝敗に関わることもできたので、個人的には良いシーズンだったと思います。

――今シーズンのベストゲームを教えてください。

ホーム開幕戦（２０１９年10月19日）のシーホース三河戦です。今シーズンの三河は補強をして得点できる選手がたくさんいるなど、前評判も選手層も、僕らより三河の方が上回っていました。この日は、うちは（竹内）公輔さんもジェフ（ギブス）も出られない中での試合でしたが、チームとしてまとまっていました。もちろん、それは僕らだけじゃなくて、ブレックスアリーナの一体感です。ファンの皆さんの力で勝てたので、それは大きかったなと思います。開幕は2連敗していましたし、アウェーが続いたタイトなスケジュールの中で勝ち切れたのは良かったです。

――渡邉選手が選ぶ、今シーズンのベストプレーヤーは誰ですか。

三河戦で言うなら、橋本（晃佑）です。橋本が4番（パワーフォワード）で出て、公輔さんやジェフの穴を埋めていたし、2試合目は大事なところで3ポイントシュートを決めたりもしました。試合を決定付けるシュートを彼が決めることは、今まではなかったと思うので彼を選びました。シーズン通してのベストプレーヤーというと、やっぱりライアン（ロシター）ですかね。アベレージも含めて、安定して活躍していました。

――自身のベストプレーはいつの試合ですか。

アルバルク東京戦（２０１９年11月2日）です。やっていて気持ちのいいプレーというのはいくつかありますけど、ハイライトに残ってなかったり覚えていなかったりするので、印象に残るプレーと言ったら、それですね。ああいうシュートは練習して入るものでもないですし、運が良かったという意味でも、あのブザービーターが自分のベストプレーです。（※ブレックスが4点ビハインドで迎えた3Q終了直前。相手のシュートが外れ、ボールを持った渡邉選手がハーフラインからシュートを打ち、見事得点。その後、チームは勢いに乗り、ブレックスが勝利した）

――対戦した中で、印象に残っている選手（チーム）はありますか。

同じポジションで言うなら、川崎ブレイブサンダースの藤井祐眞選手。彼は、元々控えで出ている選手ですけど、篠山竜青選手（川崎のキャプテン）がケガで出られない中で活躍して、チームをけん引しました。

もう一人、ルーキーですごいなと思ったのは、名古屋ダイヤモンドドルフィンズの木下誠選手です。大田原で試合（12月7、8日）をした時に、彼に2試合で34点取られました。この試合は、遠藤（祐亮）が出られなかったというのもありますが、彼を止められませんでした。ドライブも速いし、外も入るし、跳ぶし…。バスケットボールの能力は粗削りかもしれないですけど、運動能力は高いなと思いました。ルーキーでインパクトを残すってなかなか難しいし、たいてい誰かに生かされてシュートを決めることが多いんですけど、彼は彼自身で打開していたので。

――ファンの皆さんにメッセージをお願いします。

僕らは誰一人としてこの結果に満足していないですし、ファンの皆さんも同じだと思います。また来シーズン、ファンの皆さんも会場に来ることができて、今まで通りシーズンが行われることを祈っています。

この自粛期間で、試合ができたことがいかに幸せだったのかを、あらためて考えることができました。シーズンが再開した時には、当たり前だったことが急にできなくなる辛さを噛み締めながら、一方でバスケットができる幸せ、観てもらえる幸せ、携われる幸せを、感じることができるだろうと思います。この経験でバスケットに対する見方が変わるかもしれないですし、僕らの思い入れもさらに深まると思います。そうなれば、来シーズンはさらにいいものになると思うので、こういう苦境を乗り越えてこそ、バスケット界も、ブレックスも飛躍していくと期待しています。この残念な思いを無駄にしないように、ぜひ今は安全第一で、また来るべき時に備えましょう。

２０１９-20シーズンはありがとうございました。また来シーズン、お会いできることを楽しみにしています。

勇者たちの素顔 FACE #13

スタメンになったりシックスマンになったり、
ゲームコントロールを求められたり、
シュート力を求められたり…。
必要とされる仕事に臨機応変に対応する
プロ意識の高さは“さすが”の一言。

藤井洋子・文
山田壮司／
高木翔子・写真

Q.毎日、どのように過ごしてる?
休み過ぎちゃって、何をしたらいいのか分からないです。今は家でNetflixを観たりしています。

Q.最近、感銘を受けた本、マンガ、アニメ、映画は?
本は「新説・明治維新」、「信長を殺した男」を読んでいます。あと、「Dr.STONE(ドクターストーン)」っていうアニメが面白いです。

Q.「勝負メシ」は何?
試合前は、「あぜみち」のお弁当を食べています。

Q.自分にテーマ曲を付けるとしたら?
好きなアーティストの曲がいいですよね。いっぱいあるんだよな〜。難しいな〜。Re:Japanの「明日があるさ」にしますか。歌詞がいいじゃないですか。

Q.好きなNBA選手は?
マイク・ビビーという選手です。アリゾナ大学出身のポイントガードで、NBAではサクラメント・キングスに長くいました。それこそ、ロサンゼルス・レイカーズがシャック&コービー(シャキール・オニール&コービー・ブライアント)で強かった時の西地区のライバルチームで、ウエスタン・カンファレンスのファイナルで2回ぐらい当たっています。僕はその当時、小学生でNBAをすごく観ていた時期で、一番うまいなと思った選手です。ものすごくテクニックがあるという感じでもないし、ものすごく跳ぶという感じでもない。身長も185㎝ぐらいなんですけど、ミスが少なく、シュートがうまい選手です。

Q.これまで、人に言われてグッときた言葉は?
一つは、「何かをするときは、絶対に確認しろ」と言われました。「ほう・れん・そう(報告・連絡・相談)が大事だ」と。それはグッときましたね。できてないなって、あらためて思いました。
あとは、「自分を演じる」じゃないですけど、「バスケットにおいて、自分はこういう人だよと見せつけることが大切」という言葉です。すごい選手って、きっとそうだろうなって思います。"らしさ"みたいなものが人を惹きつけるし、それが魅力だと思っているので、ただ単に3ポイントシュートを決めるとかじゃなくて、「渡邉裕規というものをちゃんと演じてプレーしなければいけない」と思っています。

Q.バスケ選手になっていなかったら何になっていた?
ただの嫌なやつです(笑)。

Q.チームメートの秘密をこっそり教えて。
比江島(慎)は、練習後にシャワーを浴びない(笑)。

Q.女性のどういう仕草にグッとくる?
ふざけている時です。女優さんとかが、無茶振りをされることってありますよね。そういう時に照れながらもやるのがかわいい。それを照れないで全力でやるのも、いいなと思います。だから、おどける人の方がいいですね。面白くなくても笑っちゃうでしょ。

Q.無人島に一つだけ持っていくとしたら?
衿付きのシャツ。

Q.明日、世界が終わるとしたら何をする?
不摂生です。どうせ世界が終わるなら、きちんと生きたくないです。食べちゃダメって言われているものを全部食べる。お腹いっぱいになっても食べ続けて、飲み続けて、だらしなく終わりたいです。

とっておきの1枚。

2018年の夏に通訳兼マネージャーの加藤(敏章)さんと一緒に行ったイタリア旅行の写真です。これは、街の中にあった教会に立ち寄って、旅の安全と皆さんの幸せを願っているところ。
ダビデ像、コロッセオ、バチカン、フィレンツェなど街巡りをたくさんしました。ただ、僕にじんましんが出ちゃったので、ホテルで休んでいる時間も、まぁまぁ長かったですね(笑)。

OFF COURT オフコート FACE #13

渡邉裕規

【 わたなべ ひろのり 】

1988年3月22日生まれ、神奈川県出身。
青山学院大学→パナソニックトライアンズ
→2013シーズンよりブレックス。
2014-15シーズンより副キャプテン。

優勝できるんじゃないかという期待が、どんどん膨らんでいる

遠藤祐亮

YUSUKE ENDO

藤井洋子・文
山田壮司／高木翔子・写真

勇者たちの素顔

FACE #9

攻守両面で活躍する、ブレックスの生え抜き選手。
今シーズンはケガにより、プレーする機会が
限られたことが悔やまれる。その分、
来シーズンの爆発力に期待。

――２０１９-20シーズンの総括をお願いします。

開幕戦は2連敗となってしまいましたが、修正するのも早くて、その後は連勝するなど、東地区で1位を争う位置にずっといられました。それができたのも、チームとしての完成度が昨シーズンより高く、良いゲームが多かったからだと思います。

――ご自身のプレーについてはいかがですか。

昨シーズンより成長できたとは思いますが、今シーズンはケガで出場できない試合が多かったので、悔しい思いが強いです。最初にケガをした時は、結構早めに戻ってくることができて、リハビリもそんなにきついと感じることはなかったのですが、復帰した試合でまたすぐにケガをしてしまい、その時はケガ後のリハビリも、モチベーションを保つこともきつかったです。

プレーに関して言えば、昨シーズンは自分がボールを持つというよりは、オープンでボールをもらって3ポイントシュートを打ち、それを確率良く決めることができ、点を稼げていたのですが、今シーズンは自分からそういうシーンを作って点を取ったり、仲間にアシストしたりというプレーができました。開幕前から準備してきたことを、今シーズンはプレーでしっかり出せたのかなと思います。

――今シーズンのベストゲームを教えてください。

ホーム開幕戦（２０１９年10月19日・20日、シーホース三河戦）です。ジェフ（ギブス）と竹内（公輔）さんがケガでいない中で、その穴をチーム全員でカバーできました。この試合は、橋本（晃佑）選手が活躍して勝てた2試合だったので、それも大きかったですね。橋本選手は、ほかのチームにいれば、もっと多くのプレータイムをもらえるような選手ですし、今までずっと一緒に頑張ってきた選手なので、彼の活躍はチームとしても個人としても、すごくうれしかったです。

――遠藤選手が選ぶ、今シーズンのベストプレーヤーは誰ですか。

やっぱり橋本選手です。シーズン前半戦はケガ人が多くて、その穴を橋本選手が埋めてくれていて、そのお陰でチームは東地区1位が確保できました。

――自身のベストプレーはいつの試合ですか。

最後の千葉ジェッツ戦（3月14日：無観客による試合）です。この試合は、普段はあまり味わえない感覚というか…。シュートを確率良く決められて、あの感覚は毎試合味わえるものではないので、やっていてすごく楽しかったです。（※この試合、遠藤選手は3ポイントシュート7本を含む、合計26得点の大活躍）

――対戦した中で、印象に残っている選手（チーム）はありますか。

チームで言うなら川崎ブレイブサンダースです。昨シーズンは川崎に1敗もしなかったのですが、今シーズンはほぼ負けているので、1シーズンでの変化というか、成長がすごいなと感じました。しかも、チームとしての完成度も最初から高かったと思います。中でも、藤井祐眞選手がチームを引っ張っているイメージがありました。藤井選手は、オフェンスでもディフェンスでも活躍できる選手で、常にチームに勢いを与えていました。

サンロッカーズ渋谷のセバスチャン・サイズ選手（スペイン代表）も印象に残っています。ケガをしているタイミングだったので僕は対戦できなかったんですけど、アメリカ人とは違うリズムというか。ドリブルも上手だし、得点を取るのもすごく上手だし、インサイドだけじゃなく外もあって、今シーズンのＳＲ渋谷にすごくフィットしている選手だと思いました。

――ファンの皆さんにメッセージをお願いします。

中途半端な状態でリーグが終わってしまいすごく悔しいですし、試合を観ることができなくて寂しい思いをしたファンの方も多いと思います。今は皆さんと協力してこの状況を変えていき、来シーズン、また普通にシーズンを始められる状況をつくっていけたらと思っています。

自分の中では、毎年、毎年、優勝できるんじゃないかという期待がどんどん膨らんでいるのですが、今シーズンはそれを果たせず、本当に残念でした。東地区でも優勝することができなかったので、来シーズンはもっと強くなった姿を開幕戦からしっかりと見せられるように準備してシーズンに挑めればと思います。来シーズン、元気な姿でまた皆さんに会えるのを楽しみにしています。

OFF COURT オフコート FACE #9

遠藤祐亮

【 えんどう ゆうすけ 】

1989年10月19日生まれ、千葉県出身。185㎝、81㎏。
大東文化大学→2012シーズン途中にコールアップされ
TGI D-RISEからブレックスへ。ディフェンスが評価され
スタートで試合に出ることが定着。今シーズンはオフェンスでも活躍。

YUSUKE ENDO

Q. 毎日、どのように過ごしてる?

基本的には家にいますが、家の前で子供と一緒に遊んだりもしています。トレーニングは、トレーナーから自重でできる(自分の体の重さを使って負荷を掛けられるトレーニング)メニューが送られてくるので、それを週1、2回程度やっています。

Q. 最近、感銘を受けた本、マンガ、アニメ、映画は?

ハマっているのが、「梨泰院(イテウォン)クラス」っていう韓国のドラマです。今、Netflixでマイケル・ジョーダンの「ザ・ラストダンス」というドキュメンタリーをやっていて、それを観終わった後に出て来たので、観始めたらすっかりハマっちゃいました。

Q.「勝負メシ」は何?

特にないですが、お寿司が好きなので、試合に勝ったら、そのまま家族と一緒にお寿司を食べに行くことが多いです。だから、勝負メシというより「ご褒美メシ」ですね。

Q. 自分にテーマ曲を付けるとしたら?

アリスの「チャンピオン」。みんなでカラオケに行くと、よく歌います(笑)。だから、自分のイメージっていうとその曲です。小さい頃、車の中でずっとその曲が流れていて、すごく好きな曲です。

Q. 好きなNBA選手は?

ロサンゼルス・クリッパーズのカワイ・レナード選手。彼は、ディフェンスだけって言われている選手でしたが、そこからファイナルMVPを受賞するまでになりました。最初から脚光を浴びていた選手ではないんですけど、すごい選手にも関わらず努力を続けて、さらにうまくなっていきました。プレーというより、そういう生き方がかっこいいですよね。

Q. 小さい頃に憧れていた選手は?

小さい頃はNBAを観ていなくて、スポーツで観るとなるとサッカーしかなかったので、ラモス瑠偉選手に憧れていました。ヴェルディが強い時代ですね。

とっておきの1枚。

3歳頃の僕の写真です。次男と似ているかどうかを比べたくて、昔の写真を親に送ってもらいました。並べてみた結果、めちゃめちゃ似てました(笑)。

Q. これまで、人に言われてグッときた言葉は?

TGI D-RISE(ブレックスの下部組織)からブレックスにコールアップされることが正式に決まって初めての練習の時に、田臥(勇太)さんが「今日から正式にブレックスに入ったの?　一緒に頑張ろうね」と声を掛けてくれたことです。逆の立場だったら、そうやってブレックスに入って来た選手に自分から言葉を掛けられるかなと考えたら、なかなか掛けられないと思うし、そういうことを普通に言えることが大人だし、すごくかっこいいなと思いました。しかも、田臥さんにしか言われなかったので、印象に残ってます(笑)。

それまで、ブレックスに上がるために頑張っていて、それが叶った時に言われた言葉だったのですごくうれしかったですし、「また、ここから頑張ろう!」と、新たな気持ちになれました。

Q. バスケ選手になっていなかったら何になっていた?

僕はずっと水泳をやっていたのですが、中学校に水泳部がないのでバスケをやることにしたという経緯があるので、多分、水泳をやっていたと思います。でも、そんなに速かったわけではないので、選手になることは考えなかったかもしれません。

Q. チームメートの秘密をこっそり教えて。

チームメートは、基本みんな刈り上げているんですけど、今は外出自粛中なので髪を切りに行けなくて、結構髪が伸びてきているんです。そんなこともあって、(鵤)誠司の襟足の部分がしっぽというか、ツチノコみたいな形になっていたことです(笑)。いつもは刈り上げているのでファンの皆さんは知らないと思いますけど、髪が伸びたら、鵤の襟足はツチノコになります(笑)。

Q. 無人島に一つだけ持っていくとしたら?

ドラえもんの「どこでもドア」とかかな…。それこそ、ドラえもんそのものを持っていけば、全て解決しちゃいますね。

Q. 明日、世界が終わるとしたら何をする?

家族といられればそれでいいです。

勇者たちの素顔

FACE #31

喜多川修平

SHUHEI KITAGAWA

ケガに泣いた昨シーズンの悔しさを糧に、
全試合出場を目指した今シーズン。
残念ながらシーズンは中止となったが、
試合では持ち味のシュート力を生かした
見せ場を作りファンを沸かせた。

藤井洋子・文　山田壮司・写真

今まで以上にファンの方に楽しんでもらえるように

――２０１９-20シーズンの総括をお願いします。

開幕2連敗から始まって、いろいろな壁にぶつかったシーズンだったと思います。その都度チーム全員で乗り越えて、成長できたシーズンでもありました。天皇杯は良い終わり方ができず崩れた時期もありましたが、そこでまたチームが一つになってレベルアップできました。これから後半戦、最後の追い込みをかける、というところでシーズンが終わってしまったので残念ではありますが、チームとして成長できた1年だったと思います。

――ご自身のプレーについてはいかがですか。

昨シーズンは途中からの出場だった（２０１８年8月に右膝前十字靭帯断裂および右膝外側半月板損傷し、２０１９年3月に復帰）ので、今シーズンは全試合出るつもりでプレーしていて、結果的に大きなケガをせず全試合出場できたので、やり切れたという気持ちはあります。

プレーに関しては、積極的にシュートを狙っていくことと、ディフェンスの強度を意識していましたが、試合によってはまだまだチームに貢献できない部分があったので、そこは成長していかなければいけないと思っています。

――今シーズンのベストゲームを教えてください。

2月9日の川崎ブレイブサンダース戦です。天皇杯も入れると、今シーズンは川崎に4連敗している状態だったので、その試合でようやくやり返せたというか、チーム一丸になって戦えたと思います。

――喜多川選手が選ぶ、今シーズンのベストプレーヤーは誰ですか。

みんな本当に頑張ったと思います。その中でも誰か1人を挙げるとすると、やっぱりライアン（ロシター）です。相当、覚悟を決めないと国籍を変えるなんてできないと思いますし、そうした覚悟だけじゃなく、彼は練習からいつもハードに取り組んでいて、チームメートながら見習うところが多い選手です。

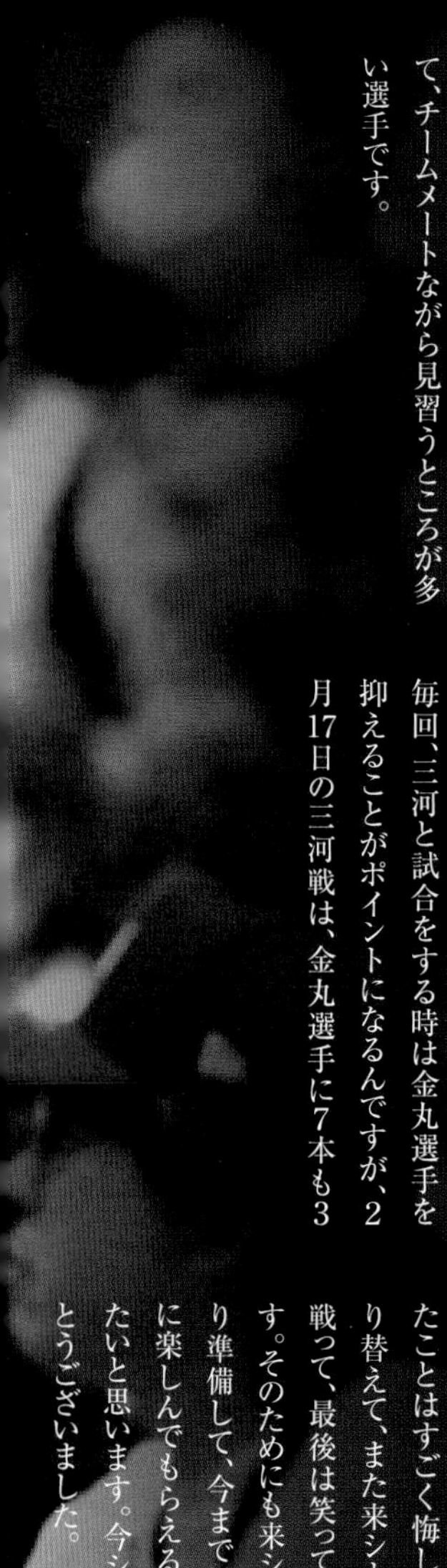

――自身のベストプレーはいつの試合ですか。

開幕戦（２０１９年10月3日の川崎戦）で、コートに入ってすぐに3ポイントシュートを決めたところです。チャンスがあれば打とうという気持ちで、常にシュートは狙っていました。開幕戦だからというわけじゃないですけど、昨シーズンのこともあって、「今シーズンはやるぞ！」という気持ちになっていました。そういった意味でも、最初からかなり気持ちが入っていた試合でした。（※第1Qのタイムアウト後に、メンバーチェンジでコートに入った喜多川選手は、いきなり3ポイントシュートを決め、さらにバスケットカウントのフリースロー1本を決めて、4点を獲得。点差を付けられそうになったところを、流れを変えたプレーだった）

――対戦した中で、印象に残っている選手（チーム）はありますか。

シーホース三河の金丸（晃輔）選手です。毎回、三河と試合をする時は金丸選手を抑えることがポイントになるんですが、2月17日の三河戦は、金丸選手に7本も3ポイントシュートを決められたので、すごく印象に残っています。止めなければいけないのにそれだけやられてしまったというチームとしての反省もありますし、7本というのは、敵ながらすごいというか、やられてしまったなと思いました。

――ファンの皆さんにメッセージをお願いします。

最後までファンの方々と一緒に戦えなかったことはすごく悔しいですが、しっかり切り替えて、また来シーズン、皆さんと一緒に戦って、最後は笑って終わりたいと思います。そのためにも来シーズンに向けてしっかり準備して、今まで以上にファンの皆さんに楽しんでもらえるように努力していきたいと思います。今シーズンも応援ありがとうございました。

栃木銀行
31
MANI.
下野新聞
CHAP UP

【 きたがわ しゅうへい 】

1985年10月1日生まれ、
神奈川県出身。185cm、85kg。
専修大→2008年アイシン(JBL)
→2015年琉球ゴールデンキングス(bj)
→2017-18シーズンよりブレックス。
自身のキャリアの中でリーグ戦で4回、
オールジャパン(全日本総合選手権大会)で
4回の計8回の優勝経験がある。

OFF COURT オフコート FACE #31

喜多川 修平

Q. 毎日、どのように過ごしてる？
朝、人がいない時間帯に家の近所をランニングしたり、トーレニングしたりしていますが、基本は家で家族と一緒に過ごしています。

Q. 最近、感銘を受けた本、マンガ、アニメ、映画は？
家にいる時間が増えたので、ワイドショーや朝の情報番組を観ることも多いんですけど、日本テレビの「スッキリ」という番組の中の「Nizi Project（ニジプロジェクト）」というコーナーをよく観るようになりました。韓国のプロデューサー（J.Y Park氏）が、日本人の女の子をプロデビューさせるためのオーディション企画で、それを観ていると、全くの赤の他人なんですけどみんなに合格してほしいという気持ちにさせられます。みんな頑張っている姿がいいなぁと思って、家族全員で楽しんでいます。
ドラマも大好きでよく観ます。新型コロナウィルスの影響で少し放送が延びていますが、「半沢直樹」「BG ～身辺警護人～」「SUITS 2」を楽しみにしています。

Q.「勝負メシ」は何？
試合前に絶対これを食べるというような物はないですが、興奮状態を一度リセットするという意味で、コーヒーを飲むようにしてます。あまり熱くなりすぎるといいプレーはできないので、コーヒーを飲んで気持ちを落ち着かせています。

Q. 自分にテーマ曲を付けるとしたら？
ケツメイシの「ライフ・イズ・ビューティフル」という曲が好きです。

Q. 好きなNBA選手は？
ゴールデンステート・ウォリアーズのクレイ・トンプソンです。彼はシューターなんですけど、動きながらシュートを打っていくタイプで、ボールのもらい方やシュートへの持っていき方を参考にしています。

とっておきの1枚。

何年か前に家族で海に行った時の写真です。日焼けをしたいからと浜辺で横になっていたら子供たちがやって来て、最初は顔に砂をかけてきたんですけど、いつの間にか体を全部埋められて、顔だけになってしまいました。30分くらいこの状態だったので、かなり日焼けしました（笑）。

あと、真似したけど全然そういうプレースタイルにならなかったのが、アレン・アイバーソンです。プレーというよりは、ああいう格好を遊びでマネしたりしていました。ヘッドバンドをしたり、指に付けるやつを真似したり…。そういう風に格好から入るきっかけにはなりましたね。

Q. これまで、人に言われてグッときた言葉は？
僕が大学１年生の時に、尊敬している先輩が４年生にいて、当時のコーチに「ああいう選手になりたいから教えてください」と言いに行った時のことです。コーチからは、「尊敬するのは親だけでいい。"喜多川修平"を作りなさい」と言われました。「真似せず、自分自身を確立しなさい」という意味だと思うんですけど、それがすごく心に残っています。それから自分の得意な部分は何だろうと考えるようになりましたし、そこをしっかり伸ばしていこうという気持ちにもなりました。

Q. シュートが武器になると思ったのは、その頃？
そうです。高校生の時は、３ポイントシュートはほとんど打っていなかったので。その言葉が自分自身を見つめるきっかけになったのだと思います。

Q. バスケ選手になっていなかったら何になっていた？
選手になっていたかは分からないですが、ずっと野球をやっていたので小さい頃はプロ野球選手になりたかったです。先日、栃木ゴールデンブレーブスの成瀬（善久）選手との対談があって、彼は僕と同い年で、彼も「長くプレーしたい」と言っていたので、応援していきたいですし、自分も頑張らなきゃなと思っています。

Q. 無人島に一つだけ持っていくとしたら？
調味料です。ナイフか調味料か迷ったんですけど、調味料の方が使うだろうなと思って。自分が食料を取った時に、食べ慣れた味、例えば醤油をかければ何とかなるじゃないかなと（笑）。

Q. 明日、世界が終わるとしたら何をする？
家族で温泉でも行って、ゆっくり過ごします。

鵤誠司

SEIJI IKARUGA

藤井洋子・文　山田壮司／鶴見俊文・写真

勇者たちの素顔

FACE #18

読みが光るディフェンスと力強いドライブ。
今シーズンはゲームメーク力も向上し、
年々頼もしく成長を続ける。
彼なら、がっしりとした体格を生かした、
新たなポイントガード像を描いてくれるはずだ。

いろんな思いをコートの中から届けていきたい

——2019-20ズンの総括をお願いします。

シーズン中にはケガ人が出るなどいろんな状況がありながらも、チームとして戦えたシーズンだったと思います。最後は望まない形でシーズンが終わってしまい、結果としては納得できませんでしたが、内容としては自分たちのやりたいバスケットができたのかなと思っています。みんな優勝を狙うという手応えは感じていたと思いますし、そういう気持ちを持てたシーズンでした。

——ご自身のプレーについてはいかがですか。

反省点や課題を挙げたらきりがないですが、一つ挙げるとするとターンオーバーが反省点です。ポイントガードというポジションは、ゲームを作る、ミスが許されないポジションだと思うのですが、今シーズンはポイントガードとして出場させてもらうことが多かった中で、僕はほとんどの試合でターンオーバーをしてしまいました。今後は、そこを減らしていきたいと思っています。

——今シーズンのベストゲームはどの試合でしたか。

ホーム開幕戦（2019年10月19日、シーホース三河戦）です。ホーム開幕戦という状況もそうですし、うちのチームはジェフ（ギブス）、（竹内）公輔さんがいない中でしたが、2連勝することができました。この2試合は、チームとしていいゲームができたなと思っています。

——鵤選手が選ぶ、今シーズンのベストプレーヤーは誰ですか。

ライアン（ロシター）です。ディフェンスでもオフェンスでも、全てにおいてうちのチームに欠かせない存在ですし、その期待に全て応えてくれるので、本当にベストプレーヤーだと思います。

もう一人は、遠藤（祐亮）さんです。今シーズンはケガをしてしまい、試合に出られない時期もありましたが、出た試合では何度もビッグショットを決めていました。開幕戦の三河戦もそうですし、千葉ジェッツ戦（10月16日）もそうですが、試合を決定付ける3ポイントシュートを決めているのがすごいですよね。

——対戦した中で、印象に残っている選手（チーム）はありますか。

2018-19シーズンは、川崎ブレイブサンダースに1回も負けなかったのですが、今シーズンは1勝しかできなかったので、そういった意味でも印象に残っていると言えば川崎です。特に藤井祐眞選手はすごかったですね。川崎もケガ人がいる状態でしたが、藤井選手が40分間ずっと試合に出ていて、しかも疲れ知らずで常にアグレッシブに動いていました。川崎の勝率を作っているのは、藤井選手だなと感じました。

——ファンの皆さんにメッセージをお願いします。

シーズンが途中で終了して、ファンの皆さんも残念な思いをしていると思います。こんなにバスケットができないというのは僕自身、初めてのことで、どうしていいのか正直、分からないところもありますが、またバスケットができる環境が整ったら、僕らはコートの中で一生懸命やるだけだと思っています。いろんな思いをコート中から届けていきたいと思うので、その時はファンの皆さんも一緒に戦って、応援していただければと思います。

Q. 毎日、どのように過ごしてる?

ずっと家にいて、ゲームをしているか、YouTubeやNetflixで動画を観ていることが多いです。最近ハマっているゲームは、「フォートナイト」。Netflixはずっと観ているので、普段、あまり観ないようなものも観てみようと思い、最近はアニメも観ています。「コードギアス」や「戦姫絶唱シンフォギア」を観ているんですけど、かなりハマってしまって、すでに全シーズン観終わりました(笑)。

Q.「勝負メシ」は何?

「肉玉ライス」です。これは丼ぶりなんですけど、「旅行の友」というふりかけ※をごはんの上にふりかけて、豚肉を焼いたものを乗せて、卵を乗せて、マヨネーズをかけて食べます。広島にそういう料理を出してくれるお店があって、それがおいしくて真似して作っています。すごく簡単なので、試合の前に作って食べたりもしています。

※広島の会社で大正時代から愛される地元の味

Q. 自分にテーマ曲を付けるとしたら?

嶋大輔の「男の勲章」。この曲が好きなので。

Q. 好きなNBA選手は?

NBAはあまり観ないので、実はよく知らないんですよね。強いて言えばマイケル・ジョーダンかな。最近、ジョーダンのスニーカーが好きで集め始めていて、ジョーダンが好きになりました。

Q. バスケ選手になっていなかったら何になっていた?

想像できないです。子どもの頃の夢も「総理大臣」とか「お金持ち」としか書いていないので、思いつかないです。でも、もうちょっと真面目に勉強しておけば、もっと幅が広がっただろうなとは思います。今はパソコンを使えないとダメだと思うので、そういうことも身に付けておきたかったですね。

Q. 女性のどういう仕草にグッとくる?

シンプルに、笑顔。よく笑う人が好きです。あとは、必死に頑張っている姿を見るとグッときます。

Q. 無人島に一つだけ持っていくとしたら?

鉄を持っていきます。鉄だったら、いろいろと使えますよね。

Q. 鉄は何に使う?

数に制限なく、無限に持っていけるわけですよね? だったら鉄を無限に持って行って、いろいろと加工します。無人島なら木はあると思うので、鉄を使って火をおこす。そうやって、そこでなんとか生きながらえようとします(笑)。

Q. 明日、世界が終わるとしたら何をする?

何もしない。いつもと変わらないことをします。いつ死んでも後悔はないので。

とっておきの1枚。

五島合宿に行ったときの
思い出の1枚です。

OFF COURT オフコート FACE #18

鵤誠司

SEIJI IKARUGA

【 いかるが せいじ 】

1994年1月8日生まれ、福岡県出身。184㎝、96㎏。青山学院大学→2015年広島ドラゴンフライズ→2017-18シーズンからブレックス。ポイントガードからスモールフォワードまで幅広いポジションをこなす。加入当初から評価されていたディフェンスに加え、相手のディフェンスに切り込んでシュートを打つなどオフェンスも積極的に取り組み、試合のクロージングという大事な時間帯にコートに立つことが増えた。

技術だけじゃなく、気持ちの部分も大事なんだなと思った

橋本晃佑

KOSUKE HASHIMOTO

藤井洋子・文　山田壮司・写真

――2019-20シーズンの総括をお願いします。

僕としてはシーズン前の日本代表で出場したウィリアム・ジョーンズカップから始まっているという感覚があって、そこから自信を持ってシーズンに入れたことが良かったと思います。開幕戦も含めて良いパフォーマンスができて、自分の持っている力をしっかり示すことができました。優勝を目指してやっていたので、最終的に予期せぬ形でシーズンが終了してしまったことは残念ですし、悔しい気持ちもあります。

――ご自身のプレーについてはいかがですか。

僕がこのチームに入ってから一番良いパフォーマンスができたシーズンだったと思っています。ケガ人が多くてチームとしてはピンチでしたが、僕にとってはチャンスだったので、それをしっかり生かすことができたのかなと思います。

――今シーズンのベストゲームを教えてください。

2月8、9日の川崎ブレイブサンダース戦です。開幕戦で二つ負けて、天皇杯でも勝てなくて、その後の2連戦も、最初の試合(2月8日)は負けて、「このままじゃ終われない」とチームで話していました。最後にしっかり勝つことができたので良かったです。

戦術ももちろんありますが、最後はどちらが勝ちたい気持ちが強いかだと思いましたし、最後はその部分でうちが上回ったのかなと思います。戦績としては、川崎に1勝4敗でしたが、最後にはしっかりと反省点を修正して勝てたので良かったです。

――橋本選手が選ぶ、今シーズンのベストプレーヤーは誰ですか。

ライアン(ロシター)です。毎試合、毎試合高いエナジーを出してくれて、練習中もチームメートにアドバイスしながら、もちろん僕にもアドバイスしてくれるなど、本当に献身的なプレーヤーです。日本代表の合宿でも、練習中はリーダーシップを発揮していました。そういうところを尊敬しますし、今シーズンだけではなく、毎シーズン、毎試合、チームに勢いを与えてくれる選手です。

――自身のベストプレーはいつの試合ですか。

いろんなタイミングが重なってできたことではありますが、10月20日のシーホース三河戦の最後の3ポイントシュートです。このシュートを決めることができたのは、遠藤(祐亮)さんがパスを出してくれたからなので、もちろん自分の力だけではありません。でも、そこでしっかり決めきることができたので、このプレーを選びました。

――今シーズンの橋本選手は開幕前から自信を持ってプレーしているように見えました。

試合に出ることで自信がついてきたと自分でも思いますし、友人や学生時代の先輩からも「自信を持ってプレーしているように見えるよ」と言われました。そう言われて、技術だけじゃなくて、そういう気持ちの部分も大事なんだなと、あらためて感じました。過信していてもダメですけど、自信なくやっていてもダメ。メンタルの部分もバランス良く、というのが大事なんだと思います。

――対戦した中で、印象に残っている選手(チーム)はありますか。

チームとしては、やはり川崎です。僕らはやっと勝ったという感じでしたし、川崎は本当にバランスが良いチームだと思います。印象に残っている選手は、富山グラウジーズのレオ・ライオンズ選手です。とにかく、すごいなと(笑)。見た目はそこまで重くなさそうなのに、実際にマッチアップしてみるとほかの選手と違って体の強さやテクニックがあるし、外のシュートもあって、何でもできる選手だと感じました。

――ファンの皆さんにメッセージをお願いします。

まずはコロナの終息を願いますし、早く普通の生活に戻れるようにと願っています。個人的には飛躍の年だったので、今後も与えられた仕事を期待以上にできるようにしっかりやっていきたいです。

ファンの皆さんに応援していただいていることが僕たちの力になっていて、大変ありがたいと思っています。早く皆さんの前でプレーがしたいですし、そのためには健康第一で、まずはコロナの終息を待って、それからバスケを頑張っていきたいと思います。

勇者たちの素顔 FACE #21

開幕前の日本代表での大活躍。
その良い流れを維持したまま迎えた今シーズンは、
彼にとって開花の年となった。
とりわけビッグマンのケガが重なった
シーズン序盤は存在感が光り、
チーム好調の立役者にもなった。

OFF COURT オフコート FACE #21

橋本晃佑

【 はしもと こうすけ 】

1993年5月6日生まれ、
日光市出身。203㎝、98㎏。
宇都宮工業高校→東海大学→ブレックス。
宇都宮工高3年時にはチームをインターハイで
全国3位に導き、東海大学では1・2年時には
インカレ優勝、3・4年時にはインカレ準優勝。
アーリーエントリーで2015-16シーズン
途中からブレックスに加入。

KOSUKE HASHIMOTO

オンライン
インタビュー♪

Q. 毎日、どのように過ごしてる?

毎日テレビを観ています。撮りためたドラマや映画、バラエティーなどジャンルを問わずいろいろ観ています。あとは、家でできるトレーニングをするなど、ほぼ家で過ごしています。

Q. 最近、感銘を受けた本、マンガ、アニメ、映画は?

感銘を受けたというわけではないですし、今更なんですが「あなたの番です」を観たら夢中になっちゃって(笑)。でも、観終わった後、ちょっと疑心暗鬼になりました。観終わった後にコンビニに行ったんですけど、夜道がちょっと怖かったです(笑)。

僕はマンガよりアニメという人間なので、本やマンガはあまり読みません。みんなは「鬼滅の刃」が面白いと言っているので、タイミングがきたら観ようかなと思っています。

Q.「勝負メシ」は何?

ホーム戦がある時は、朝シューティングを軽くしてから一度家に帰って、また会場に行くんですけど、シューティングした後は、だいたい牛丼を食べます。

Q. 好きなNBA選手は?

今は特にいませんが、以前はダーク・ノビツキー(元ダラス・マーベリックス)が好きでした。NBAを知った時に、こんなに大きくて、こんなにシュートが入る人がいるんだと感激しました。彼の独特のフェイダウェイシュートの打ち方を真似したりしていました。基本、僕はシュートフォームがきれいな人が好きです。

Q. これまで、人に言われてグッときた言葉は?

東海大の陸川章コーチは自分で読んだ本の中で、いいと思った言葉を僕たちと共有してくれるのですが、その一つに、サンアントニオ・スパーズのHC(ヘッドコーチ)を務めたグレッグ・ポポヴィッチ氏が掲げたスローガン「パウンディング・ザ・ロック」があって、100回叩いても割れない岩も、101回目で割れることもある。それは101回目に意味があるのではなくて、それまで打った100回に意味がある、という意味です。その言葉を通して、やり続けることの大切さを教えてもらいました。本当に良い言葉だなと心に響きました。

とっておきの1枚。

ちょうど1年ほど前、オフシーズン中に大学の同級生たちと、京都にあるインスタ映えを狙って女の子がよく写真を撮る場所での1枚です(笑)。その周辺をみんなで歩いて観光しました。

Q. バスケ選手になっていなかったら何になっていた?

工業系の高校に行っていたので工業系の仕事をしていたと思います。多分、普通にサラリーマンだったと思います。

Q. チームメートの秘密をこっそり教えて。

秘密ではないんですけど、ナベ(渡邉裕規)さんはキノコが大好き。遠征に行った時、お皿にいっぱいキノコを盛っていました。

Q. 女性のどういう仕草にグッとくる?

ダボっとした大きめな服を着ている時にかわいいなと思います。

Q. 無人島に一つだけ持っていくとしたら?

ノコギリです。ノコギリで、まず家を作ります。

Q. 明日、世界が終わるとしたら何をする?

寝ます。寝ているうちに、そのまま終わればいいかなと(笑)。

ライアン・ロシター

RYAN ROSSITER

勇者たちの素顔

FACE #22

シーズン途中に日本国籍を取得し、
日本代表にも選出された。
シーズン通して安定的な活躍を見せた、
誰もが認めるチームの要。

僕の考えるベストプレーは、ルーズボールに飛び込むプレー

――２０１９-20シーズンの総括をお願いします。

とても上手くいっていたシーズンだったと思います。シーズンを通して好調をキープしていましたし、シーズンが中断された終盤頃には、各選手がそれぞれの役割を確立し、チームワークも高まっていました。シーズンが中断された時、僕たちは首位でしたし、CS（チャンピオンシップ）にいい状態で入れるように継続して向上しようとしていました。

――ご自身のプレーについてはいかがですか。

僕は常にシーズンを通して最高のコンディションを保てるように努力しています。ゲーム中に疲れているという状況は絶対作りたくないですし、自分のコンディションをキープできれば自分のパフォーマンスも保てると考えています。今シーズンは特に、シーズンの中で、状況に合わせて最適な量の休息を取ることを意識的に取り組んでいて、シーズン終盤に向けてその成果が出つつあったように感じていました。

――今シーズンのベストゲームを教えてください。

千葉ジェッツとの初戦（２０１９年10月16日）が今シーズンのベストゲームだったと思います。千葉は素晴らしいチームですし、私たちはジェフ（ギブス）と（竹内）公輔を欠いた状態、さらに新加入したシャブリック（ランドルフ）の初戦でもあり、ほとんどの人は私たちが負けると思っていたと思います。あの試合を勝つことによって、誰が欠けていても、どんな相手にも自分たちは勝つことができるというブレックスメンタリティーを証明できたと思います。

――ロシター選手が選ぶ、今シーズンのベストプレーヤーは誰ですか。

遠藤（祐亮）選手です。彼はオフェンス、ディフェンスの両面で活躍できます。彼は、素晴らしく激しいディフェンスに加えて、チームメイトが信頼できるシュート力を身に付けました。

――自身のベストプレーはいつの試合ですか。

率直なところ自分のベストプレーというのは意識がなくて、よく試合を決めたウィニングショットやブロックをベストプレーと言われますが、僕の考えるベストプレーは、ルーズボールに飛び込むプレーやいいディフェンスなど、そういうスタッツに表れないプレーだと思います。そういうプレーを一つでも多くしていきたいと思いますし、そういうプレーを積み重ねていければ、おのずと勝利はついてくると思います。

――対戦した中で、印象に残っている選手（チーム）はありますか。

今まで7年間日本でプレーしてきて、いろんなプレースタイルの選手と対戦してきましたが、琉球ゴールデンキングスのジャック・クーリー選手とプレーしたのは初めてでした。彼は素晴らしいリバウンダーで、とても強い選手です。彼との対戦は自分にとってもチャレンジで、マッチアップは楽しみでした。

――ファンの皆さんにメッセージをお願いします。

来シーズンまたファンの皆さんの前でプレーできることを楽しみにしています！

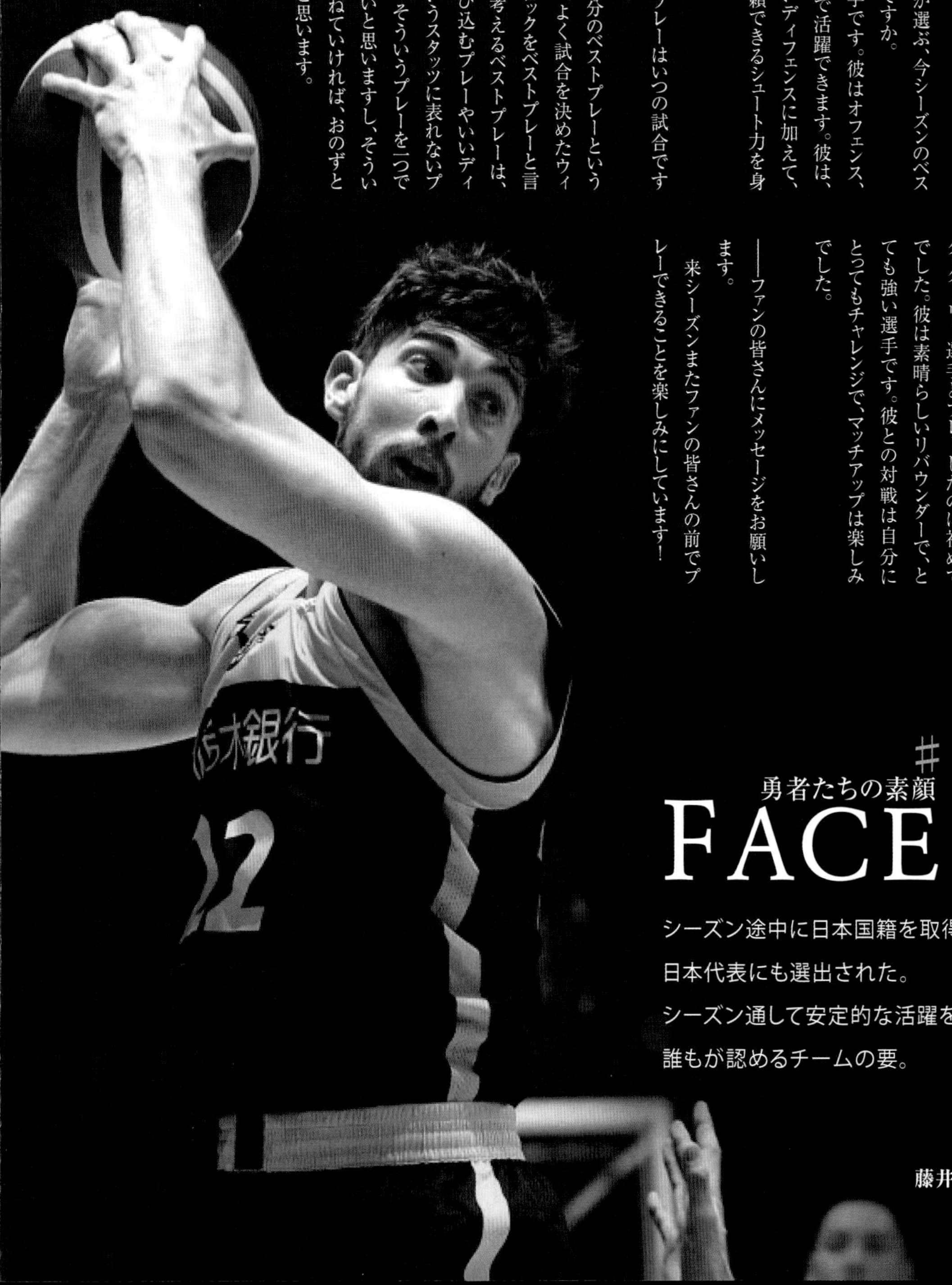

藤井洋子・文　山田壮司・写真

OFF COURT《オフコート》 ライアン ロシター

Q. 毎日、どのように過ごしてる？

　今はロサンゼルスの兄の家にいて、外出自粛しながら、できる範囲で最善を尽くしています。家ではワークアウトしたり、映画を観たり、オンラインで友達と話したりしています。

Q. 最近、感銘を受けた本、マンガ、アニメ、映画は？

　「ザ・ウェイ・バック」という映画を観ました。とても面白かったです。

Q.「勝負メシ」は何？

　試合日はまずオートミール、卵、リンゴを食べ、試合前に軽く食べます。

Q. 好きなNBA選手は？

　ダーク・ノビツキー。子どものことから彼のプレーをたくさん観て、彼から学びました。

Q. これまで、人に言われてグッときた言葉は？

　「いまここ」（※足利市出身の詩人であり書家、相田みつを氏の言葉）

Q. バスケ選手になっていなかったら何になっていた？

野球選手（ピッチャー）

Q. チームメートの秘密をこっそり教えて。

　ジャワッドは見た目は恐いけどそれは全部演技で、実はすごく優しくて、子どものような人。

Q. 女性のどういう仕草にグッとくる？

　素敵な笑顔。

Q. 無人島に一つだけ持っていくとしたら？

　犬。友達になれるから。

Q. 明日、世界が終わるとしたら何をする？

　ピザとアイスクリームを死ぬほど食べる。

RYAN ROSSITER

【 ライアン ロシター 】

1989年9月14日生まれ、
アメリカ合衆国出身。206㎝、108㎏。
シエナ大→ブレックス。
コートではコーチのように声を出し、
リーダーシップを発揮する
頼れるバイスキャプテン。
今シーズン途中に日本国籍を取得した。

とっておきの1枚。

これは僕が世界一好きなビーチのセントトーマス島のメーガンズベイビーチの写真です。リラックスするには最高の場所で、そこで過ごす友達との時間を毎回楽しんでいます。

毎試合、自分の全力を出し切ることを意識した

勇者たちの素顔 FACE #30

山崎 稜

RYO YAMAZAKI

プレータイムが限られる中で、チャンスを掴もうと邁進する。
「自分の力を出し切りたい」という気持ちが、
大きく飛躍するための糧になると期待したい。

藤井洋子・文
山田壮司／高木翔子・写真

――2019-20シーズンの総括をお願いします。

途中でシーズンが終わってしまうということもあり、個人的には不完全燃焼というか、もっとやり切りたかったという気持ちはありますが、チーム全員で戦ってCS（チャンピオンシップ）の舞台に行き、優勝するという明確な目標を全員が持って戦えたのではないかと思います。

――ご自身のプレーについてはいかがですか。

そこまでプレータイムが多いわけではなかったので、少しでもチャンスがもらえた時に結果を残さないと次につながらないと思っていました。そのためにも、毎試合、自分の全力を出し切ることを意識しながらプレーしていました。

――今シーズンのベストゲームを教えてください。

ホーム開幕戦（2019年10月19日、シーホース三河戦）です。ケガ人がいて、ビッグマンも少なかったですが、全員で戦ってチーム力で勝てたという印象があります。

――山崎選手が選ぶ、今シーズンのベストプレーヤーは誰ですか。

全員がそれぞれの役割、持ち味を出せていると思うので、誰か一人がベストプレーヤーとは思わないですけど、一人選ぶならライアン（ロシター）です。オフェンスでもディフェンスもチームのためにプレーしていますし、スタッツを見てもすごい数字を残しているので、貢献度はかなり高かったと思います。

――自身のベストプレーはいつの試合ですか。

アウェーの秋田ノーザン・ハピネッツ戦（12月29日）です。僕らは結構、外からシュートを打っていたんですけど、それがなかなか決まらなくてリズムをつかみづらい状況でずっとシーソーゲームのような展開が続いていました。そんな中で、自分が3ポイントシュートを何本か決めて、いいリズムに乗れたかなと思います。この試合は、空いたらどんどんシュートを打っていこうと思っていたので、それが決まって良かったです。（※この試合、山崎選手は3ポイントシュート4本を決めて12得点を獲得）

――対戦した中で、印象に残っている選手（チーム）はありますか。

2月にアウェーでやった三河戦（2月17日）の金丸（晃輔）選手には7本も3ポイントシュートを決められたりして、本当にものすごかったです。そんなシュートまで入るのか？っていうぐらい（笑）。チームとしては、川崎ブレイブサンダースです。僕らは開幕戦からずっと負け続けていましたが、最後に勝てたので良かったです。でも対戦成績は負け越しているので、そこはやっぱり悔やまれますね。

――ファンの皆さんにメッセージをお願いします。

外出自粛が続いて退屈な毎日ですが、この状況が落ち着いてシーズンが再開され、また皆さんの前でプレーできることを楽しみにしています。ぜひ楽しみに待っていてください。

OFF COURT オフコート 山崎稜

Q. 最近、感銘を受けた本、マンガ、アニメ、映画は?

韓国ドラマをずっと観ていて、「愛の不時着」というドラマは面白かったです。タイトルはちょっと重そうですけど（笑）、わりとすんなり面白く観れました。マンガは「キングダム」と「ワンピース」が面白くなってきて、早く続きが読みたいですね。

Q.「勝負メシ」は何?

タコライスが好きで、ごはんと野菜を用意してレトルトのタコライスを作って、試合前によく食べています。

Q. 自分にテーマ曲を付けるとしたら?

あまり音楽に詳しくないので、いいなと思ったらずっと同じ曲ばかり聞いています。今の僕の“ハマり曲”は、Official 髭男 dism の「Pretender（プリテンダー）」です。

Q. 好きなNBA選手は?

以前は、アレン・アイバーソンが好きでした。アイバーソンは、クロスオーバーがすごかったので、技に惹かれて。体は小さいけど NBA の背の高い人達の中でやっていけるのがすごいですよね。今はクレイ・トンプソン（ゴールデンステート・ウォリアーズ）が好きです。

Q. これまで、人に言われてグッときた言葉は?

「人の話を聞いていない」とよく言われるんですけど…、本当に覚えていません（笑）。

Q. バスケ選手になっていなかったら何になっていた?

公務員。定時でしっかり終わって、決まった額のお給料をもらって…という暮らしをしていたと思います。

Q. 無人島に一つだけ持っていくとしたら?

簡単に火を起こせる道具。雨が降ったら木が湿って火が付かないと思うので、あると便利かなと。サバイバル動画をよく観るんですけど、そこで「火が一番大事」と言っていたので。

Q. 明日、世界が終わるとしたら何をする?

何かはすると思いますけど…なんでしょうね（笑）。

【 やまざき りょう 】

1992年9月25日生まれ、埼玉県出身。182cm、80kg。

高校卒業後、スラムダンク奨学金の第4期生としてアメリカ・サウスケントスクールに留学。

卒業後、タコマ・コミュニティカレッジに進学。

2013年に帰国し、埼玉ブロンコス→バンビシャス奈良→富山グラウジーズを経て、2017-18シーズンよりブレックス。

とっておきの1枚。

毎年、オフの時期に「スラムダンク奨学金」の歴代の奨学生とスタッフの方、それとスラムダンクの作者・井上雄彦さんとの食事会があって、その時に撮った写真です。

ジェフ ギブス

JEFF GIBBS

これからも"年齢はただの数字に過ぎない"ということを見せつけていきたい

年齢も大きなケガも関係なし。凡人を超越したプレーは健在。ゴール下の攻防もさることながら、今シーズンは3ポイントシュートでも貢献。

#勇者たちの素顔 FACE4

藤井洋子・文　山田壮司・写真

――2019-20ズンの総括をお願いします。

シーズンが中断されるまではとても良い形できていたと思います。終盤に差し掛かるにつれてチームも波に乗っていき、CS(チャンピオンシップ)に照準を合わせて精度が上がってきていました。

――ご自身のプレーについてはいかがですか。

負けてしまった試合の中には、自分がもっと良くプレーできた試合が何試合かあったように思いますが、全体的には良かったと思います。個人的には、3ポイントシュートに力を入れて取り組みました。チームとしても、今シーズンはよりコートを広く使うオフェンスだったので、新たな武器として成果も出せたと思います。そのほかにも、自分の強みであるフィジカルとエナジーは特に意識してプレーしました。毎試合チームが勝つために自分ができることは全てやろうと決めています。

――今シーズンのベストゲームを教えてください。

ベストゲームはありません。チームが勝利し、自分がその勝利に貢献できればそれでいいと思っています。

――ギブス選手が選ぶ、今シーズンのベストプレーヤーは誰ですか。

自分だと思います。自分よりいい選手はいないと思います。…というのは冗談で(笑)、今シーズンはライアン(ロシター)だと思います。コート上で素晴らしいリーダーシップを発揮しました。彼はとてもバスケットボールIQが高く、コート上のコーチのような存在です。

――自身のベストプレーはいつの試合ですか。

1月26日の大阪エベッサ戦の第4Qのダンクシュートと、2月2日三遠ネオフェニックス戦での第4Qのダンクです。

――対戦した中で、印象に残っている選手(チーム)はありますか。

特に決まった選手やチームはありません。自分はただ、この年齢まで毎試合戦えることが幸せです。これからも若い選手たちに「年齢はただの数字に過ぎない」ということを見せつけていきたいです。

――ファンの皆さんにメッセージをお願いします。

ファンの皆さんの前で、特にブレックスアリーナでプレーすることができず寂しいです。当然、皆さんの安全が最優先なので、早くこの状況が終息し、また世界中で皆さんがスポーツを楽しめる時期が来ることを祈っています。ファンの皆さん、引き続きソーシャルディスタンスを守り、自分の身を守ってください。そうして事態が収束し、また皆さんの前でプレーできることを楽しみにしています。

Q. 毎日、どのように過ごしてる?

今は基本的に家で家族と過ごしています。子どもたちはまだ学校へ行ける状態ではなく、オンラインで勉強をしているので、私は父親兼先生をしています。一つ言えることは、このロックダウン中に、私はSiriとGoogleととてもいい友達になりました(笑)。

Q. 最近、感銘を受けた本、マンガ、アニメ、映画は?

最近、本は読んでいませんが、映画であれば、家族と一緒に観た「Trolls World Tour」です。うちの下の子たちがこの手の映画が大好きで、私たちはいつも家族全員で映画を観ます。

Q.「勝負メシ」は何?

試合前はエネルギーになる炭水化物を取りたいので、パスタをよく食べます。

Q. 好きなNBA選手は?

チャールズ・バークレー。

(※198cmながら、パワフルなプレーで1980年代、90年代にNBAで活躍。1992年のバルセロナ五輪のドリームチームに選出され、金メダルを獲得)

Q. バスケ選手になっていなかったら何になっていた?

アメフト選手になっていたと思います。もし、今の時代に大学を卒業していたら間違いなくNFLの選手になっていたと思いますが、私が大学を卒業した頃は、自分がプレーしていたタイトエンドというポジションには、約2mの身長が必要とされていました。(※ギブス選手の身長は188cm)

OFF COURT オフコート ジェフ ギブス

とっておきの1枚。

愛する家族との写真です

Q. チームメートの秘密をこっそり教えて。

もし教えてしまったら秘密ではなくなってしまうので秘密です。

Q. 女性のどういう仕草にグッとくる?

奥さんのすることすべて。

Q. 無人島に一つだけ持っていくとしたら?

食べ物。食べないと生きていけないので。

Q. 明日、世界が終わるとしたら何をする?

家族と過ごします。愛する人たちと過ごす時間以上のものはありません。

【 ジェフ ギブス 】

1980年8月4日生まれ、
アメリカ合衆国出身。188cm、111kg。
オターバイン大→トヨタ自動車アルバルク
(現・アルバルク東京)→ブレックス。
大学時代アメフトで鍛えた強靭な肉体とウイングスパン
(両腕を広げた長さ)の長さでリバウンドを奪取する。

勇者たちの素顔

FACE #3

ジャワッド ウィリアムズ

JAWAD WILLIAMS

アキレス腱断裂後でも跳べることを、証明した

シーズン途中からの加入ながら、
すんなりとチームにフィット。
ベテラン選手の適応力の高さ、
バスケットIQの高さを見せつけた。

――2019-20シーズンの総括をお願いします。

とてもいい方向に向かっていたと思います。私がチームにフィットし、役割を確立していくにつれてチームも好調の波に乗りつつあったと思います。

――ご自身のプレーについてはいかがですか。

アキレス腱断裂からのケガ明けということもあり、チーム内での自分の役割を確立していくにしたがって自分もプレーしやすくなっていき、徐々に自分のパフォーマンスも上がっていきました。

――今シーズンのベストゲームを教えてください。

2月16日(スカイホール豊田)でのシーホース三河との試合です。まだ自分に爆発力があるということを証明できたので。

――自身のベストプレーはいつの試合ですか。

やはり2月16日の三河戦でのダンクです。自分でドライブし、ディフェンスを潜り抜けて決めることができました。アキレス腱断裂後でも跳べるということを証明しました。(※この試合、ウィリアムズ選手はこのダンクを含む、16得点の活躍)

――対戦した中で、印象に残っている選手(チーム)はありますか。

A東京です。過去2シーズン在籍した古巣との対戦だったので。

――ファンの皆さんにメッセージをお願いします。

本当に試合ができなくて寂しく感じています。来シーズン、必ず優勝することを楽しみにしています。

藤井洋子・文　山田壮司・写真

OFF COURT オフコート ジャワッド ウィリアムズ

Q. 毎日、どのように過ごしてる？
　トレーニングをしたり家族と過ごしています。

Q. 最近、感銘を受けた本、マンガ、アニメ、映画は？
　最近観た中で、一番良かった映画は「21 ブリッジズ」です。

Q.「勝負メシ」は何？
　パスタです。

Q. 自分にテーマ曲を付けるとしたら？
　Jay-Z の「What more can I say」。

Q. 好きなNBA選手は？
　現在プレー中の選手なら、レブロン・ジェームス。すべての年代でいうと、マイケル・ジョーダン。

Q. バスケ選手になっていなかったら何になっていた？
　複数の会社を経営していたと思います。

Q. チームメートの秘密をこっそり教えて。
　いいチームメートなので秘密は教えません。

Q. 女性のどういう仕草にグッとくる？
　笑顔

Q. 無人島に一つだけ持っていくとしたら？
　ナタ

Q. 明日、世界が終わるとしたら何をする？
　家族とリラックスして過ごします。

とっておきの1枚。

大切な家族との写真です。

【 ジャワッド ウィリアムズ 】

1983年2月19日生まれ、アメリカ合衆国出身。
204cm、101kg。
ノースカロライナ大4年次にキャプテンとして
NCAAトーナメント優勝に貢献。
2007-08シーズンにレラカムイ北海道
（現レバンガ北海道）でプレーした後、
NBAクリーブランド・キャバリアーズでプレー。
2017-18シーズンからはアルバルク東京でプレーし、
Bリーグ連覇に貢献。2019年3月に
アキレス腱断裂の負傷をしたものの、
11月に越谷アルファーズ（B2）に入団し、4試合に出場。
同年12月にブレックスに移籍。

勇者たちの素顔

FACE #7

テーブス海

KAI TOEWS

オフコートでもプロとしての意識が変わった

今年1月にアメリカから帰国し、電撃加入。華麗なパスや巧みなシュートで初戦から会場を沸かせた。今後の活躍に大いなる期待が掛かるビッグな新人。

――2019-20シーズンの総括をお願いします。

シーズン途中で強いチームに入り、アジャストするのはとても難しいことだと思っていましたが、自分らしいプレーができたと思います。プロとしての自覚というか、練習の取り組み方、練習や試合が終わってからの体のケアなど、オフコートでもプロとしての意識が変わり、短い間でしたがとても学ぶことが多かったです。

――ご自身のプレーについてはいかがですか。

満足はしていませんが、最低限の自分のスタンダードは超えられたと思います。

――今シーズンのベストゲームを教えてください。

ホームでの川崎ブレイブサンダース戦(2月9日)です。今シーズン、川崎に初めて勝った試合でした。僕は試合にはあまり出られなかったのですが、チームにとって大事な試合だということは分かっていましたし、試合内容もブレックスらしいプレーができて、気持ちの良い勝ち方ができたと思います。

――テーブス選手が選ぶ、今シーズンのベストプレーヤーは誰ですか。

ライアン(ロシター)だと思います。ライアンは帰化して日本人になりましたが、その前から外国籍選手と日本人選手の距離を縮めるというか、周りと積極的にコミュニケーションを取ったり、試合ではチームが悪い流れの時にそれを取り戻してくれます。僕たちのチームにとって、そうした存在はとても大事だと思うので、彼がブレックスのMVPではないかと思います。

――自身のベストプレーはいつの試合ですか。

このチームでプレーした最初の試合、サンロッカーズ渋谷戦(1月15日)のダブルクラッチです。日本に帰ってきて初めての試合だったのですごく緊張しましたが、このプレーが決まって、何とか落ち着くことができました。

この試合は、家族みんなが観に来てくれました。親に試合を観てもらうのもすごく久々だったのでいい試合をしたいと思っていましたし、日本に帰って来ることに反対する人も多かったので、そういう人たちに自分のプレーを観せたいという気持ちもありました。

――対戦した中で、印象に残っている選手(チーム)はありますか。

川崎の藤井(祐眞)選手です。僕はベンチから観ていたんですけど、藤井さんは40分近く試合に出て、しかもメンタル的な強さやインテンシティー(強さ、激しさ)も高くて、すごいなと思いました。

――ファンの皆さんにメッセージをお願いします。

健康が一番大事です。みんなでこの危機を乗り越えられたらと思います。また来シーズン、引き続き応援よろしくお願いします。

藤井洋子・文　山田壮司・写真

Q. 毎日、どのように過ごしてる?

体育館が使えないので、トレーニングや体のケアをしています。もちろん食事にも気を遣っていますが、実は食事は全く作れなくて、キッチンに入るだけで緊張しちゃうくらいです（笑）。なので、携帯の出前アプリを使いこなしています。

Q.「勝負メシ」は何?

特にないです。試合の前は、とりあえずエネルギーが出そうな炭水化物を多く取ろう、という感じです。

Q. 自分にテーマ曲を付けるとしたら?

入場の時にかけるとしたら、Eminem（エミネム）の「Lose Yourself」。バスケをやり始めた時に、すごくハマった曲です。

Q. 好きなNBA選手は?

今は、カイリー・アービング（ブルックリン・ネッツ）。彼は何でもできる選手で、ボールハンドリングやドリブルのスキルがすごいです。子供の頃は、マイケル・ジョーダンやアレン・アイバーソンが好きでしたが、プレーで一番参考にしたのはスティーブ・ナッシュです。僕の父親と同じカナダ人のプレーヤーで、身体能力がズバ抜けて優れている訳ではないんですけど、技術とバスケット IQの高い選手なので、とても参考にしていました。

Q. これまで、人に言われてグッときた言葉は?

中学時代のバスケ部の顧問だった牧浦朋先生が、結構早い段階で「お前はビッグになる」と言ってくれたことです。僕は、全国的に知られている選手ではなかったのですが、他人から「将来性がある」と言われて自信が付いて、「やれるんじゃないかな」という気持ちになりました。

Q. バスケ選手になっていなかったら何になっていた?

サッカー選手。サッカーは自信満々です。バスケットよりうまいと思います、これはガチです!

Q. チームメートの秘密をこっそり教えて。

比江島さんは、構ってほしくないアピールをするんですけど、本当は構ってほしい、「かまちょ」です（笑）。

Q. 女性のどういう仕草にグッとくる?

面倒を見てくれる人がいいですね。どちらかというと年上の人が好きです。

Q. 無人島に一つだけ持っていくとしたら?

携帯。繋がらなくてもアプリがあるので、暇つぶしにはなるかなと。

Q. 明日、世界が終わるとしたら何をする?

家族とご飯に行きます。

OFF COURT《オフコート》 テーブス海

【 テーブス海 】

1998年9月17日生まれ、兵庫県出身。188㎝、83㎏。
東洋大学附属京北高校２年の時にアメリカに渡り、
その後ノースカロライナ大学ウィルミントン校（UNCW）でプレー。
ディビジョン１アシスト部門で全米２位の成績を収めるなど活躍。
2018、19年にウィリアム・ジョーンズカップの日本代表。
父はWリーグ・富士通レッドウェーブのHCを務めるBYテーブス。

とっておきの１枚。

中学時代のバスケ部の顧問、牧浦先生です。彼女からは、バスケ以外にも本当にいろんなことを教えてもらいました。

弟との写真です。

勇者たちの素顔

FACE #17

今年1月に特別指定選手契約でブレックスに加入。
残念ながらプレーする機会はなかったが、
ここで学んだことを今後に生かしてくれると期待したい。

藤井洋子・文　山田壮司・写真

【 やまぐち はやと 】

1998年10月1日生まれ、鹿沼市出身。194cm 、88kg。
鹿沼市立西中学校→正智深谷高校。現在、筑波大学に在学中で第71回全日本大学バスケットボール選手権大会では優勝に貢献し、優秀選手賞を受賞。2020年1月に特別指定選手契約としてブレックスに加入。

プレーの質の高さを実感した

山口颯斗

HAYATO YAMAGUCHI

——ブレックスの一員として活動した感想を聞かせてください。

学生バスケとは雰囲気が違うなと感じました。一本一本のシュートの精度や、ディフェンスのシステムの質も高いですし、それに対応している選手たちのプレーの質も高いと感じました。僕はブレックスに入る前から比江島(慎)さんのプレーを参考にしていたので、比江島さんと一緒にやれて、とてもうれしかったです。チームに入ってからはライアン(ロシター)のリーダーシップ、勝ちたいという気持ちが前面に出ているところは、自分も参考にしたいと感じました。

——ブレックスに在籍して成長したこと、学んだことを教えてください。

オフェンス面で言えば、稲垣(敦)AC(アシスタントコーチ)がピック&ロールの使い方やフィニッシュの仕方など、自分だけでは考えられなかった世界のプレーをいろいろと教えてくれました。自分のプレースタイルも分かってきたので、短い期間でしたが本当に来て良かったなと思います。ブレックスはディフェンスを重視するチームなので、僕はディフェンスが全然できなくて大変でしたが、ナベさん(渡邉裕規)はいろいろとチームルールを教えてくれて、ディフェンスは声を出すことによってほかの選手が助かるとか、チームが成り立つんだということが分かり、ディフェンスに対する意識がかなり変わりました。遠藤(祐亮)さんがケガをしている時は、一緒にワークアウトをしました。遠藤さんもいろいろと声を掛けてくれて、すごく参考になる時間でした。

——ファンの皆さんにプレーを観せられなかったのは残念でしたね。

試合には出場できませんでしたが、2月9日の川崎ブレイブサンダース戦は、全員の気迫というか、絶対に負けないぞというピリピリした雰囲気も感じましたし、そうした期待に応えている選手たちのすごさも実感することができました。それに、ホームでのファンの方々の応援の力は、やっぱりすごかったです。僕は、ブレックスに入る前から、ファンとしてほとんどのゲームを観ていたので、最初の選手入場のオープニングで自分の写真を見上げた時には感動しました。

——今後の目標を聞かせください。

僕の持ち味は得点を取ることです。ゆくゆくは、僕がいなくてはダメだと言われるような選手になって優勝したいです。同じ栃木県民として、皆さんにプレーを観てもらいたかったので試合に出場できなかったのは残念ではありますが、大学のリーグ戦は9月に始まる予定なので、Bリーグ開幕の前に観て、応援していただけたらうれしいです。

OFF COURT オフコート

Q. 好きなNBA選手は?

ジェイソン・テイタム(ボストン・セルティックス)とブランドン・イングラム(ニューオリンズ・ペリカンズ)の2人の点の取り方を参考にしています。でも一番好きなのはカイル・クーズマ(ロサンゼルス・レイカーズ)です。クーズマはカッティング、オフボールの動きから点を取っている選手です。金髪にしているのも格好良いです。

Q. これまで、人に言われてグッときた言葉は?

怒られたことはよく覚えています。自分では天狗になっているつもりはなかったのですが、高校時代の顧問の先生に「神様、仏様、山口様」と言われた時には絶対にそうならないようにしようと決意しました。あの言葉は、たぶん一生忘れません(笑)。

Q. 無人島に一つだけ持っていくとしたら?

バスケットボール。今、バスケができないので、その偉大さを思い知りました。それにボールを木の上に投げれば、木の実とか食料が取れそうなので実用的だし、暇つぶしにもなるなと。バスケットボールは水に浮くので、ビート板代わりにして横の島にも行けそうですよね(笑)。

とっておきの1枚。

大学2年の時に合宿の合間のオフに富士急ハイランドに行きました。本当はほかの遊園地に行こうと思ったのですが、そこは身長制限があって自分たちの身長では(高すぎて)乗れませんでした。人生初の富士急は、すごく楽しかったんですけど、突然の豪雨に遭い、全然、雨が上がりませんでした。

勇者たちの素顔#

FACE ヘッドコーチ

藤井洋子・文　山田壮司・写真

ここからどんどん伸びていけると、期待を感じられた

安齋竜二 HC

RYUZO ANZAI

——２０１９‐20ズンの総括をお願いします。

戦績的には東地区の上位にずっといられたので良かったと思いますが、アップダウンがあるシーズンでした。それまでの試合でいろいろと経験し、それを生かして最後の20試合でどのくらい良くなっていけるか、さぁ、これから…というところでシーズンが終わってしまったという印象です。

——今シーズンのベストゲームを教えてください。

1月29日のアルバルク東京戦です。年明けの悪い流れから少し整ってきた時期の試合でした。A東京相手に自分たちのやりたいことができていたので、ここからどんどん伸びていけると、期待を感じられた試合でした。

——安齋ＨＣが選ぶ、今シーズンのベストプレーヤーと、今後の飛躍を期待したい選手は誰ですか。

みんな頑張っていました。その中で誰か一人を挙げるとすると、シーズンを通して頑張ってくれたので、ベストプレーヤーはライアン（ロシター）だと思います。さらなる飛躍に期待したいのは、（鵤）誠司です。ポイントガードとして、あのサイズとディフェンス力。センスもあり、まだ年齢も若いので、今後うちのチームを引っ張っていってほしいと期待しています。元々ポテンシャルはありますし、毎年毎年成長しているので、チームとしてもそうですが、ゆくゆくは日本代表でも必要な選手になると思います。

——対戦した中で、印象に残っている選手（チーム）はありますか。

川崎ブレイブサンダースです。選手も少し入れ替わりがありましたが、外国籍選手のバランスがかなり良かったという印象がありました。一人一人のスキルもかなり上がってきていて、抑えるのが難しくなってきたなと感じました。

——ファンの皆さんにメッセージをお願いします。

こういう状況なので仕方のないことですが、最後まで試合ができなかったことは残念でした。無観客による試合も経験する中で、プロスポーツにおいてファンの皆さんが占める割合の大きさを実感しました。ファンの皆さんあってのプロスポーツだと思います。試合ができる日のためにしっかり準備をしていき、また皆さんと、バスケットを楽しめたらいいなと思います。

【 あんざい りゅうぞう 】

宇都宮ブレックス　HC
1980年11月10日生まれ、福島県出身。
ブレックスが創設された2007年から在籍し13年に惜しまれつつ引退。14年にACに就任。
17年11月10日、長谷川健志HCの体調不良による退任を受けてシーズン途中からHCに就任。

OFF COURT オフコート

Q. 毎日、どのように過ごしてる?

トレーニングしたり、映画を観たり、本を読んだりして過ごしています。

Q. 最近、感銘を受けた本、マンガ、アニメ、映画は?

「1兆ドルコーチ」という本を読み始めたところです。コーチの本というより、ビジネス書のような感じで、アメリカの有名な経営者の人たちが組織をどう動かしていくかということが書いてあり、とても参考になります。映画は、「24」や「プリズン・ブレイク」など、昔の作品をよく観ています。

Q.「勝負メシ」は何?

ちょっと太りすぎたと思いトレーニングを始めて、それを機に健康の方も少し見直そうかなと思い、今はサラダチキンばかり食べています。お酒も10日に1回しか飲んでいません。

Q. 自分にテーマ曲を付けるとしたら?

ないです。好きなミュージシャンは、竹原ピストルですが、髭ダン（Official髭男dism）やあいみょんとかも聴きます。

Q. 好きなNBA選手は?

ジェイソン・キッドです。現役のプレーヤーだと、トレイ・ヤング（アトランタ・ホークス）。サマーリーグを観に行った時に彼も出ていて、すごくうまいなと思いました。

Q. バスケ選手、コーチになっていなかったら何になっていた?

サラリーマン。多分、地元の福島で普通に働いていました。

Q. 無人島に一つだけ持っていくとしたら?

チャッカマン。火は自分で点けられないので。

Q. 明日、世界が終わるとしたら何をする?

食べたい物を食べて、酔っ払って訳が分からないうちに終わるというのが一番ですね。

とっておきの1枚。

以前、ブレックスでアシスタントコーチをしていたマイク（勝久マイケル氏）との写真。2年前にサマーリーグに行った時に、ラスベガスで一緒にご飯を食べました。マイクにはいろいろと勉強させてもらいましたし、今もたまに連絡を取る仲です。来シーズン、同じB1リーグで対戦するのが楽しみですね。

2019-20 Season Playback

シーズン プレイバック

B.LEAGUE EARLRY CUP KANTO 2019

アーリーカップ関東 REPORT

青柳修・文、写真　山田壮司、柴田大輔・写真

ブレックス、激戦を勝ち抜き初優勝飾る

Bリーグアーリーカップ関東決勝で、宇都宮ブレックスは最大16点差のビハインドを最終盤に覆し、アルバルク東京に82-78の大逆転勝利で初優勝を飾った。過去2大会を連覇している同じ東地区のライバルとの歴史に残る激戦を制したブレックス。安斎竜三ヘッドコーチの下で高めた完成度が光る大会となった。

1回戦 vs 横浜 ○82-77

出だしの低調さはいつも通りながら、ブレックス本来のできではなかった。

2019-20シーズン前哨戦の意味合いを持つ地区別トーナメント戦「アーリーカップ」。1回戦から登場したブレックスは、昨季レギュラーシーズンで2戦2勝と相性の良い中地区の横浜ビー・コルセアーズと激突した。ワールドカップ中国大会を失意の結果で終え、チーム合流2日目の比江島慎、竹内公輔の代表組が実戦復帰を果たしたが、攻守において連係不足は明らかだった。

第1クオーター(Q)はティップオフ直後に遠藤祐亮のジャンプショット、ファストブレイクからライアン・ロシターの豪快なダンクが決まり、そのまま圧倒していくかに思われた。しかし横浜も激しいオールコートディフェンスで反撃し、徐々に流れをたぐり寄せる。PG田渡凌の巧みなパスワークでブレックスを翻弄し、アキ・チェンバース、3季ぶりに復帰を果たしたジェイソン・ウオッシュバーンらビッグマンに制空権を握られ19-22とリードを奪われた。

続く10分間もリズムがつかめそうでつかめない。ブレックスはコンディションの上がってきたジェフ・ギブス、ロシターと両外国人の個人技で打開を図り、前半のうちに40-37と逆転したものの、東京五輪に向けて再起を図るはずだった比江島は精彩を欠いた。

ようやくエンジンが掛かり始めたのは後半だった。司令塔の渡邉裕規は第3Qだけで3本の3ポイントを沈めるなど11得点。コート上で感情むき出しに檄を飛ばし、仲間の闘争心を引き出しに掛かる。チームはスイッチに呼応するように攻守でギアを上げた。66-62で迎えた最終第4Qは、ミスなどから1点差に迫られたが、最終盤にロシターのブロックショットが炸裂。83-77で粘る横浜を振り切った。安斎竜三HCは「代表組の復帰初戦にしてはまずまず」と及第点を与えたが、大会直前まで主力2人を欠いて連係面に課題も残した。結果的にはブレックスが地力の差を見せつけ、千葉ジェッツが待ち構える準決勝へと3大会連続で駒を進めた。

準決勝 vs 千葉 ○84-75

千葉との一戦はブレックスにとって特別な意味を持つ。昨シーズンは天皇杯決勝でタイトルをさらわれ、チャンピオンシップのセミファイナルでも決勝進出を阻まれた宿敵。プレシーズンゲームの一つとは言え、選手が雪辱に燃えるのは必然だった。

滑り出しはやはり、ホームチームが優位にゲームを進めた。日本代表の富樫勇樹は7月下旬の右手骨折で全治約2カ月と診断され、今夏のワールドカップ出場を見送ったが、驚異的な回復で先発出場。千葉はその富樫を中心に激しいトランディションを展開しながらスコアリングを重ねた。ブレックスもライアン・ロシター、喜多川修平のゴールで応戦したが勢いの差は明白。第1Qを13-22と9点ビハインドで終えた。

第2Qは立ち上がりに鵤誠司らがアグレッシブな動きを見せて少しずつディフェンスを修正し、ロシターの4連続得点で追撃。千葉も球際の激しさで抵抗するが、この10分間で主導権を握ったのは29得点を挙げたブレックス。トータルスコアこそ2点差で千葉が上回ったが、流れは確実にアウェーチームへと傾いていった。

後半の出だしも勢いを見せたのはブレックス。ロシターと遠藤が精度の高いシュートで次々とリングを捉えて49-47と一気に逆転。前日の横浜戦で精彩を欠いた比江島慎も泥臭いプレーをいとわず相手に流れを渡さない。4分に56-49とリードした後はさらに攻撃のギアを上げ、ロシター、橋本晃佑らで7連続得点。一時は16点差をつけてみせた。

迎えた第4Qは互いの意地と意地が激しくぶつかり合った。立ち上がりにブレックスが比江島の3ポイントで逃げ切りを図れば、千葉も日本国籍を持つコー・フリッピンの3ポイントで応戦。3分にはロシターの31得点目が決まって最大18点差としたが、昨季ブレックスを苦しめたマイケル・パーカーもゴール下で強さを見せつけ、必死の追撃を図る。それでも最後は遠藤のジャンプショットが決まって勝負あり。千葉を2大会連続で準決勝敗退に追い込んだ。「千葉だけにはどうしても負けたくなかった」とチーム全員の思いを代弁した喜多川。両者とも持てる強みを出し切った好ゲーム。勝敗を分けたのはわずかな執念の差だった。

決勝 vs A東京 ○82-78

初優勝に挑むブレックスと3連覇が懸かったA東京との決勝は2大会連続の顔合わせ。前回ブレックスアリーナ宇都宮（宇都宮市体育館）で行われた決勝は僅差で涙をのんだブレックス。実力が接近した両チーム。今回も接戦が予想されたものの、最終盤に想像を超えるドラマが待っていた。

前日の準決勝で負傷したギブスがスターターとしてコールされると、黄色のTシャツに身を包んだファンからひときわ大きな歓声が上がった。だがブレックスは序盤からA東京の激しいプレッシャーに苦しめられた。遠藤のシュートもリングを捉えられない。不用意なミスから速攻も許し、最初の10分間で16-20と追い掛ける展開となった。

続く第2QもA東京のペースで進む。PG安藤誓哉は自在のパスワークでブレックスの守備陣を翻弄した。共に日本代表の竹内公輔、譲次の兄弟が繰り広げるインサイドの攻防は見ものだったが、ゴール下を固めればロングシュートを狙われるという嫌な流れが続いた。許した3ポイントは5本。対するブレックスは頼みのロシターが徹底的にマークされ、わずか2得点と封じられた。

後半も先に勢いを出したのは大会2連覇中の王者。PG小島元基が激しいディフェンスをかいくぐり、スコアリングを重ねた。一方のブレックスはギブスとロシターが猛チャージをかけて20得点と迫ったが、A東京の背中を捉えられそうで捉えられない。第3Q終盤は連続失点を重ね、44-60と16点のビハインド。リーグ屈指の堅守を誇る相手に逆転は不可能と思われた。

しかし第4Qで流れが一変した。「ディフェンスでトラップを仕掛けた」と安斎HCが勝負手を打つと、ブレックスはトランジションオフェンスから遠藤の3ポイントで反撃。これにギブスも連続のスリーで続き、焦りが生まれた王者をじわじわと追い詰める。勢いは止まらず、比江島、遠藤がゴールを重ねて72点差。そして残り1分を切ったところで比江島のフローターが決まり、ついに78-78。最後に仕上げたのは司令塔の渡邉。残り6秒。小刻みなステップから放たれたシュートがリングに吸い込まれ80-78と初めてリードを奪った。大逆転に沸くブレックスファンの歓声が一段とボリュームを増した。

「ほとんどの時間はわれわれの時間だった」とルカ・パヴィチェヴィッチHCの言葉通り、ゲームの大半はA東京が支配した。それでも最後にブレックスが上回ったのは技術より、「勝利に懸けるエナジー」と振り返ったギブス。魂のプレーを見せたチャレンジャーが大会史にその勇姿を刻んだ。

EMPEROR' S CUP BASKETBALL 2020

天皇杯 REPORT

青柳修・文、写真　山田壮司、柴田大輔・写真

ブレックス、またも悲願成らず

第95回天皇杯全日本選手権ファイナルラウンドは1月9日から12日まで、さいたま市のさいたまスーパーアリーナを舞台に行われ、B1東地区のサンロッカーズ渋谷が令和初の栄冠を手にして幕を閉じた。前回準優勝の宇都宮ブレックスは初優勝を懸けて挑んだが、準決勝でB1中地区の川崎ブレイブサンダースに61−82で完敗。らしさは最後まで鳴りを潜め、クラブ創設以来の悲願にまたしても手が届かなかった。

準々決勝 vs 富山 ○74−65

ブレックスはファイナルラウンド初戦の準々決勝でB1中地区の富山グラウジーズとぶつかった。今季リーグ戦は1勝1敗。成長著しい北陸の雄は確かに難敵ではあったが、司令塔の宇都直輝を欠く相手に思いの外と言えるほど苦戦した。

立ち上がりは開始15秒で先制を許したものの、ブレックスは喜多川修平が左45度からミドルを沈めて反撃。そこからライアン・ロシター、渡邉裕規が3ポイントを成功させれば、富山もジョシュ・ペッパーズ、レオ・ライオンズと2人のビッグマンがセカンドチャンスを生かす粘りを見せる。第1クオーター（Q）は互いに持ち味を出し合って19−22。最後はミドルを決めきった富山がわずかに抜け出した。しかし続く10分間で地力に勝るブレックスがすぐに逆転する。比江島慎がディフェンスから流れをつくり、さらに3連続得点とハッスルを見せて34−33と勝ち越しに成功した。

後半は我慢の展開。第3Q立ち上がりに鵤誠司、ジェフ・ギブスの得点で一時リードを6点に広げるも、攻撃のアクセルを踏みかけたところでターンオーバーを連発。富山の前田悟らにゴールを許して再び詰め寄られた。第4Qにようやく突き放したのは前回大会ファイナリストのプライドか。1対1で強さを発揮したロシターは11得点。比江島も巧みなステップからゴール下を脅かした。ブレックスは最終的に9点差をつけて競り勝ったが、いつもの激しさを見せることはできなかった。

「確かに今日はブレックスらしくなかった。一発勝負という天皇杯特有の雰囲気もある。勝ち切れたことが重要だ」と渡邉は

強調したものの、周囲が抱く不安は次の準決勝で現実のものとなった。

準決勝 vs 川崎 ○61-82

今季のブレックスはリーグ王座奪還とともに昨年届かなかったエンペラーズカップの獲得が大きな目標だったが、その前に立ちはだかったのが川崎ブレイブサンダース。Bリーグ移行後初となる屈辱の開幕2連敗を喫した因縁の相手だった。だがブレックスはそこから立ち直り、前半戦でリーグ記録に迫る15連勝をマーク。2連覇中の王者アルバルク東京や天皇杯を3連覇した千葉ジェッツなどの強豪を抑え、東地区首位に立った。開幕戦の雪辱を狙う思いは当然ながら、自信を取り戻したチームが真の実力を試すには格好の相手だった。

川崎は前身・東芝神奈川時代の14年以来、6年ぶり4度目の戴冠を懸けて大会に臨んだ。今季から指揮を執る佐藤賢次HCの下、リーグ戦は最高勝率で中地区首位を独走。こちらも好調をキープしていた。不安材料を挙げるとすれば、屋台骨の日本代表・篠山竜青らをけがで欠き、過密ローテーションによる疲労の蓄積。それでもA東京との準々決勝は要所で勝負強さを見せつけた。準決勝直前にはハードワーカーの藤井祐真もインフルエンザで離脱するアクシデントに見舞われたが、逆境がチームにより強い一体感を生んだ。

注目された一戦の立ち上がりは互いに守備で激しいパフォーマンスを見せ合い、1分以上スコアレスで進んだ。ブレックスはロシターのゴールで均衡を破ったが、後が続かない。ジョーダン・ヒースが2本の3ポイントを沈めてリズムをつかみつつある川崎に対し、比江島、渡邉、鵤らが果敢に外角から放ったシュートはことごとくリングに嫌われた。独特の雰囲気も影響したのか。この10分間でフィールドゴールの成功数は19本中わずか4本。それでもギブスの得点などでどうにか食らいつき、第1Qは10-15で終えた。激しいディフェンスがある程度の機能を見せたとはいえ、シュートが決まらない焦りは徐々に攻守の歯車を狂わせていった。

明らかな違いが生まれたのはその後の20分間だった。ブレックスは竹内公輔、ロシターらのオフェンスリバウンドを得点につなげられず、第2Qにようやく生まれたゴールは2分すぎ。左コーナーでフリーのジャワッド・ウィリアムズが3ポイントを沈めた。だが川崎も序盤で波に乗ったヒース、ニック・ファジーカスのゴールで譲らない。ブレックスは自慢のトランジションオフェンスから劣勢の打開を試みるも、16-28で迎えた中盤にロシターは奪ったフリースローを2本とも失敗した。

後半も立ち上がりに川崎の辻直人に3ポイントを沈められ、リズムを握られた。渡邉も応酬したが、直後にヒースがこの日5本目の3ポイント。激しいプレッシャーを見せ続けた比江島が「ヒースのミドルは警戒していたはずだった」と悔やんだ場面。ベンチはマンツーマンから2-3のゾーンディフェンスに切り替えたが後手に回った。ハイプレスを巧妙にかいくぐられ、ファジーカスらに空いたインサイドを狙われた。オフェンスでは喜多川が2本のターンオーバー。スコアは43-62とさらに点差を広げられた。

最終Qはなりふり構わず攻勢を掛けたブレックス。序盤にロシターがフリースロー2本を含む3連続得点で反撃の流れをつくり、比江島もドライブからのゴールで続いた。ベンチも2度のタイムアウトを使って細かな指示を送る。しかし時すでに遅し。川崎の勢いは止まることなく、逆にファウルを与えて自ら流れを手放した。最終盤には鵤のミドルが外れ、ギブスはファウルアウト。40分間で一度もリードを奪えず、ディフェンスリバウンドは27-33と川崎に比べて粘りを欠いた。ブレックスらしさは最後まで鳴りを潜め、ファイナルを前に一つのチャレンジが終わった。

試合後のミックスゾーンでベテランの竹内は「追う展開で冷静さを失った」と敗因を挙げ、責任感の強い渡邉も「今季一番ひどい試合を見せてしまった。ファンを失望させた」と厳しい言葉を自らに向けた。それでもリーグ優勝を成し遂げた時も天皇杯の敗退から這い上がってみせた。「この悔しさを無駄にしてはいけない」。竹内は自らに言い聞かせるようにそう語った。

3季ぶりの黒星スタート

第1戦 2019.10.3 **vs. 川崎ブレイブサンダース**

(横浜アリーナ、9514人)

川崎	78-57	宇都宮
第1Q	15 - 13	
第2Q	18 - 18	
第3Q	21 - 14	
第4Q	24 - 12	

中地区の川崎に57-78と完敗し、3季ぶりの黒星スタート。序盤からリードを許す苦しい展開となり、第2Qにジェフ・ギブスの連続ゴールで一時リードを奪ったものの前半を31-33で終えた。第3Qはライアン・ロシターの活躍などで追撃したものの、逆に45-54とリードを広げられてしまう。第4Qは立ち上がりに竹内公輔が2本のフリースローを決めたが、最後までリズムをつかみきれなかった。

川崎	得	③	②	F	R	反
藤井	10	2	2	0	3	4
林	0	0	0	0	0	0
青木	2	0	1	0	0	0
篠山	19	2	6	1	1	2
辻	0	0	0	0	1	1
鎌田	3	1	0	0	0	1
カルフ	10	1	3	1	12	3
ファジ	20	0	8	4	15	2
大塚	2	0	1	0	0	1
熊谷	4	0	1	2	3	1
長谷川	0	0	0	0	1	0
ヒース	8	0	4	0	12	0
計	78	6	26	8	51	15

宇都宮	得	③	②	F	R	反
田臥	0	0	0	0	0	0
ギブス	10	0	5	0	7	0
比江島	5	0	2	1	2	0
遠藤	2	0	1	0	1	2
竹内	3	0	0	3	7	1
田原	0	0	0	0	0	1
渡邉	6	2	0	0	1	2
橋本	5	1	1	0	2	0
ロシタ	20	0	9	2	11	2
山崎	0	0	0	0	0	2
喜多川	6	1	1	1	0	1
計	57	4	19	7	35	11

14点リードを守り切れず連敗

第2戦 2019.10.6 **vs. 川崎ブレイブサンダース**

(とどろきアリーナ、5214人)

川崎	75-69	宇都宮
第1Q	22 - 22	
第2Q	16 - 17	
第3Q	12 - 25	
第4Q	25 - 5	

リーグ4季目で初の開幕2連敗となった。第2Q、喜多川修平の3点シュートやギブスの7得点の活躍などで39-38と1点リードで前半を折り返し。第3Qには渡邉裕規の3点シュートや喜多川が3本連続でフリースローを成功させるなどして、この日最大の14点リードで終えた。しかし、第4Qは川崎にじりじりと点差を詰められ、残り3分で69-70と逆転を許す。オフェンスは5得点にとどまり、勢いづいた川崎に突き放された。

川崎	得	③	②	F	R	反
藤井	5	1	1	0	1	3
林	0	0	0	0	0	0
青木	0	0	0	0	0	1
篠山	14	3	2	1	5	4
辻	6	1	0	3	2	3
鎌田	0	0	0	0	0	0
カルフ	14	1	2	7	5	4
ファジ	24	3	6	3	7	0
大塚	0	0	0	0	0	0
熊谷	5	1	1	0	1	2
長谷川	3	1	0	0	1	3
ヒース	4	0	2	0	13	2
計	75	11	14	14	38	22

宇都宮	得	③	②	F	R	反
田臥	2	0	1	0	0	1
ギブス	21	0	7	7	10	2
比江島	13	2	3	1	4	4
遠藤	7	1	1	2	1	3
竹内	1	0	0	1	5	3
渡邉	6	1	1	1	0	3
橋本	3	1	0	0	1	0
ロシタ	4	0	1	2	11	2
喜多川	12	2	1	4	2	2
計	69	7	15	18	37	21

REVIEW

写真と記録で振り返る

2019-20 レギュラーシーズン

40 games

◀第3戦　滋賀レイクスターズ戦
第3Q、相手の主力選手をマークするブレックスの比江島(左2人目)

逆転で今季初勝利飾る

第3戦 2019.10.12 **vs. 滋賀レイクスターズ**

(YMITアリーナ、2752人)

宇都宮	84-71	滋賀
第1Q	24 - 21	
第2Q	10 - 17	
第3Q	24 - 16	
第4Q	26 - 17	

西地区の滋賀と対戦し、84-71で今季初勝利を挙げた。第1Qに渡邉が5本のフィールドゴールをすべて成功させる12得点の活躍で24-21とリード。第2Qには滋賀の勢いに圧倒され、34-38とリードされて前半を折り返した。第3Qは、渡邉がこの日3本目の3点ゴールを成功させて逆転。さらに第4Qの立ち上がりに喜多川が連続で3点シュートを決めてリードを広げ、相手に反撃の隙を与えなかった。

滋賀	得	③	②	F	R	反
斎藤	13	1	5	0	3	2
狩俣	0	0	0	0	1	1
シェー	10	0	5	0	8	1
佐藤	9	2	1	1	2	3
中村	3	1	0	0	0	0
ローズ	15	1	5	2	16	2
高橋	14	2	3	2	1	1
荒尾	2	0	1	0	1	1
狩野	5	1	1	0	1	1
伊藤	0	0	0	0	0	0
計	71	8	21	5	34	12

宇都宮	得	③	②	F	R	反
田臥	2	0	1	0	1	1
ギブス	10	0	5	0	12	2
比江島	4	0	2	0	2	1
遠藤	10	0	4	2	2	3
竹内	10	0	5	0	12	0
田原	0	0	0	0	0	0
渡邉	23	5	4	0	0	1
鮎	5	1	1	0	0	1
橋本	0	0	0	0	0	2
ロシタ	10	0	4	2	8	0
山崎	2	0	0	2	2	0
喜多川	8	2	0	2	1	1
計	84	8	26	8	42	12

第3Qに連続11得点、連勝果たす

第4戦 2019.10.13 **vs. 滋賀レイクスターズ**

(YMITアリーナ、3718人)

宇都宮	96-90	滋賀
第1Q	18 - 23	
第2Q	29 - 17	
第3Q	25 - 20	
第4Q	24 - 30	

滋賀に96-90と競り勝ち2連勝。第1Qは滋賀の外国籍選手に手を焼いたが、第2Qに比江島慎、遠藤祐亮を中心に29得点の猛攻を見せ、前半を47-40で折り返した。第3Q序盤に50-50の同点に追い付かれたものの、渡邉のシュートなど連続11得点で盛り返し、最後はロシターがブザービーターとなる3点シュートを鮮やかに決めた。第4Qには滋賀の激しい追い上げにあったが、リードを守り切った。

滋賀	得	③	②	F	R	反
斎藤	12	0	6	0	4	2
狩俣	0	0	0	0	1	1
シェー	4	0	1	2	4	0
佐藤	10	0	4	2	3	2
ウォカ	24	5	3	3	5	2
ローズ	17	1	5	4	5	3
高橋	12	2	2	2	4	2
荒尾	0	0	0	0	0	0
狩野	11	3	0	2	3	1
計	90	11	21	15	33	13

宇都宮	得	③	②	F	R	反
田臥	0	0	0	0	0	0
ギブス	9	1	2	2	7	2
比江島	14	2	3	2	0	3
遠藤	19	3	5	0	1	1
竹内	8	0	4	0	12	3
田原	3	0	0	3	0	0
渡邉	9	1	2	2	0	1
鮎	4	0	2	0	3	0
橋本	0	0	0	0	1	5
ロシタ	26	1	9	5	16	2
山崎	0	0	0	0	0	0
喜多川	4	0	2	0	1	1
計	96	8	29	14	46	18

宿敵・千葉を撃破し3連勝

第5戦 2019.10.16 vs. 千葉ジェッツ

(船橋アリーナ、4424人)

宇都宮 **76-69** 千葉

第1Q	24	–	21
第2Q	15	–	18
第3Q	17	–	16
第4Q	20	–	14

宿敵・千葉を76-69で振り切り、3連勝を飾った。大黒柱のギブスと竹内がケガで欠場し、新外国籍選手のシャブリック・ランドルフがデビュー。第1Qは24-21とリードしたが、第2Qに千葉の追い上げにあって39-39の同点で前半を折り返し。第3Qは遠藤の3点シュート、ロシターのフリースローなどでリードを一時8点に広げたものの、千葉に粘られ第4Q立ち上がりには逆転を許す。しかし、その直後にロシターのゴールが決まって再逆転。最後は遠藤の3点シュート、フリースローで突き放した。

5

千葉	得	③	②	F	R	反
ダンカ	8	0	2	4	6	0
富樫	18	3	3	3	4	3
パーカ	8	0	3	2	7	2
田口	0	0	0	0	2	3
晴山	0	0	0	0	2	3
西村	2	0	1	0	0	0
藤永	0	0	0	0	0	0
エドワ	21	1	6	6	10	3
原	3	1	0	0	0	1
小野	9	1	2	2	7	5
計	69	6	17	17	41	20

宇都宮	得	③	②	F	R	反
田臥	0	0	0	0	0	3
比江島	8	2	1	0	3	3
遠藤	19	4	2	3	1	2
渡邉	8	2	1	0	2	2
鵤	8	1	1	3	1	2
橋本	4	0	1	2	1	3
ロシタ	19	2	5	3	20	3
山崎	0	0	0	0	0	1
喜多川	3	1	0	0	2	1
ランド	7	0	1	5	6	3
計	76	12	12	16	36	23

▲第5戦 千葉ジェッツ戦

第2Q、ゴール下で競り合うブレックスのランドルフ(右)

競り勝ちホーム開幕飾る4連勝

第6戦 2019.10.19 vs. シーホース三河

(ブレックスアリーナ、4632人)

宇都宮 **92-86** 三河

第1Q	24	–	30
第2Q	25	–	19
第3Q	18	–	18
第4Q	25	–	19

中地区の三河に92-86で競り勝ち、ホーム開幕戦を白星で飾った。ケガのギブスと竹内に加え、ランドルフも欠く苦しい布陣。第1Qは最大10点のリードを許したものの、ロシターの3連続得点などで追撃し、第2Qには橋本晃佑が3本の3点シュートを決める活躍もあって前半を49-49で折り返した。激しい点の取り合いとなった後半、第4Qには一時逆転を許したが、遠藤が連続で3点シュートを決めて再びリード。最後はロシターのゴールで粘る三河を振り切った。

6

宇都宮	得	③	②	F	R	反
田臥	4	0	2	0	1	3
比江島	13	2	3	1	5	3
遠藤	13	3	2	0	4	0
渡邉	13	3	2	0	2	0
鵤	12	2	3	0	2	2
橋本	11	3	1	0	5	3
ロシタ	20	0	9	2	14	3
山崎	3	1	0	0	0	1
喜多川	3	1	0	0	0	0
計	92	15	22	3	37	15

三河	得	③	②	F	R	反
会田	0	0	0	0	0	0
川村	2	0	0	2	0	2
岡田	13	3	2	0	3	2
長野	7	1	2	0	3	1
熊谷	12	2	3	0	2	2
金丸	0	0	0	0	1	1
根来	0	0	0	0	0	0
加藤	0	0	0	0	0	0
桜木	8	0	4	0	8	1
オトゥ	4	0	2	0	5	0
ガード	40	2	14	6	12	1
計	86	8	27	8	35	10

6連勝で地区2位に浮上

第8戦 2019.10.23 vs. サンロッカーズ渋谷

(墨田区総合体育館、2607人)

宇都宮 **91-81** 渋谷

第1Q	18	–	20
第2Q	24	–	19
第3Q	30	–	20
第4Q	19	–	22

東地区首位のSR渋谷を91-81で撃破し6連勝、同地区2位に浮上した。第1Qはロシターが10得点を上げる活躍を見せ、第2Qも激しいディフェンスで主導権を握り、42-39で前半を折り返した。第3Qは渡邉がフリースロー5本を含む7連続得点と気を吐き、72-59とリードを拡大。第4Qも相手に流れを渡さず、最後は鵤誠司のフリースローで逃げ切った。

8

渋谷	得	③	②	F	R	反
関野	3	1	0	0	1	0
ベンド	13	3	2	0	3	4
ジャク	28	0	10	8	14	2
杉浦	3	1	0	0	2	0
渡辺	2	0	1	0	1	0
野口	2	0	1	0	0	2
石井	2	0	1	0	5	2
山内	7	1	2	0	1	5
ケリー	15	2	3	3	13	2
田渡	6	2	0	0	0	2
計	81	10	20	11	42	19

宇都宮	得	③	②	F	R	反
田臥	0	0	0	0	1	2
比江島	11	2	2	1	2	1
遠藤	13	2	3	1	1	3
田原	0	0	0	0	0	0
渡邉	14	2	1	6	3	3
鵤	7	0	3	1	2	0
橋本	12	2	3	0	5	2
ロシタ	29	1	8	10	18	3
山崎	5	1	1	0	1	1
喜多川	0	0	0	0	1	2
計	91	10	21	19	38	17

勝負強さが光った5連勝

第7戦 2019.10.20 vs. シーホース三河

(ブレックスアリーナ、4580人)

宇都宮 **90-84** 三河

第1Q	28	–	26
第2Q	14	–	20
第3Q	27	–	20
第4Q	21	–	18

難敵・三河を90-84で下し、連勝を5に伸ばした。第1Qはロシターが3点シュート2本を含む10得点をマークする活躍などで28-26とリードしたが、第2Qは三河に押し込まれ42-46で前半折り返し。第3Qはロシターの10得点などで69-66と再逆転を果たした。第4Qは一進一退の攻防となり、残り2分を切って81-81の同点。ここで橋本がこの日3本目となる3点シュートを決め、さらにロシターの26得点目となるゴールで逃げ切った。

7

宇都宮	得	③	②	F	R	反
田臥	2	0	1	0	1	1
比江島	14	0	4	6	2	3
遠藤	10	0	4	2	1	3
渡邉	7	1	2	0	1	1
鵤	9	1	2	2	1	0
橋本	15	3	3	0	8	1
ロシタ	26	3	8	1	10	3
山崎	0	0	0	0	1	1
喜多川	7	1	2	0	2	4
計	90	9	26	11	29	17

三河	得	③	②	F	R	反
川村	0	0	0	0	1	0
岡田	18	3	4	1	2	3
長野	7	2	0	1	2	3
熊谷	7	1	2	0	4	3
金丸	7	1	1	2	1	1
加藤	0	0	0	0	3	2
桜木	10	0	5	0	11	1
グラッ	14	0	6	2	5	1
ガード	21	0	9	3	5	3
計	84	7	27	9	36	17

F=フリースロー、R=リバウンド。各項目の合計はチームスコアを含む

精彩を欠き連勝ストップ

第10戦 2019.**10.27** **vs. 富山グラウジーズ**

(富山県西部体育センター、2478人)

富山	72-69	宇都宮
第1Q	15 − 14	
第2Q	22 − 23	
第3Q	24 − 15	
第4Q	11 − 17	

富山に69-72と競り負け、連勝は7でストップ。第1Qで14-15とリードを許したブレックスは第2Q、遠藤が3連続で3点シュートを決めるなど圧巻のスコアリングで追い上げ、37-37で前半を折り返した。第3Qに再びリードを許したが、第4Qは残り1分30秒で比江島が3点シュートを沈めて69-69の同点に。しかし、反撃もそこまでだった。

富山	得	③	②	F	R	反
ライオ	22	2	4	8	9	0
山口	0	0	0	0	0	1
船生	6	2	0	0	1	2
山田	0	0	0	0	1	0
水戸	2	0	1	0	1	1
菅沢	0	0	0	0	1	0
宇都	6	0	2	2	2	0
前田	12	2	2	2	3	3
葛原	9	1	3	0	2	4
オルト	15	1	5	2	12	1
計	72	8	17	14	37	12

宇都宮	得	③	②	F	R	反
比江島	11	3	1	0	3	3
遠藤	13	3	2	0	1	1
竹内	6	0	3	0	6	3
渡邉	5	1	0	2	2	2
鵤	5	0	1	3	1	2
橋本	0	0	0	0	1	2
ロシタ	22	1	8	3	14	1
山崎	2	0	1	0	0	1
喜多川	3	1	0	0	2	2
ランド	2	0	1	0	2	0
計	69	9	17	8	33	17

破竹の7連勝で地区首位に浮上

第9戦 2019.**10.26** **vs. 富山グラウジーズ**

(富山県西部体育センター、1880人)

宇都宮	88-75	富山
第1Q	18 − 12	
第2Q	27 − 19	
第3Q	18 − 19	
第4Q	25 − 25	

中地区の富山を相手に一度もリードを許さず88-75と快勝した。竹内が5試合ぶり、ランドルフが4試合ぶりに復帰。要所で橋本の豪快なダンクシュートやランドルフの3点シュートが決まり、前半を45-31で折り返した。第3Qは残り1分で9点差に迫られたが、ロシターのリバウンドから喜多川の3点シュートで再び2桁リードに。第4Qの富山の猛反撃をしのいで快勝した。

富山	得	③	②	F	R	反
ライオ	15	0	2	11	16	0
山口	0	0	0	0	0	0
船生	2	0	1	0	3	1
山田	4	0	2	0	6	2
水戸	6	2	0	0	1	2
菅沢	0	0	0	0	0	0
宇都	26	0	8	10	1	3
前田	4	0	0	4	2	2
ペッパ	15	0	6	3	4	2
葛原	3	1	0	0	3	2
計	75	3	19	28	41	14

宇都宮	得	③	②	F	R	反
田臥	0	0	0	0	1	3
比江島	10	2	1	2	2	3
遠藤	14	4	1	0	2	3
竹内	4	0	1	2	12	0
田原	0	0	0	0	0	1
渡邉	2	0	1	0	3	1
鵤	8	2	1	0	1	2
橋本	2	0	1	0	1	4
ロシタ	25	0	11	3	15	0
山崎	2	0	1	0	0	3
喜多川	6	2	0	0	0	1
ランド	15	4	1	1	4	4
計	88	14	19	8	44	25

首位A東京に残り6秒で逆転許す

第11戦 2019.**11.1** **vs. アルバルク東京**

(富山県西部体育センター、2478人)

東京	73-72	宇都宮
第1Q	12 − 17	
第2Q	21 − 14	
第3Q	19 − 24	
第4Q	21 − 17	

東地区首位のA東京に72-73と1点差で涙をのんだ。第1Qは序盤にリードを許したものの、田臥勇太、橋本らの3点シュートなどで逆転。第2Qに再びリードされたが、粘りの追撃で前半を31-33で折り返した。第3Qは遠藤、鵤が3点シュートを決め、ロシターのバスケットカウントで再逆転に成功。第4Qはディフェンスの強度を高めて競り合う展開が続いたが、残り6秒で逆転され、そのまま逃げ切りを許した。

宇都宮	得	③	②	F	R	反
田臥	3	1	0	0	0	0
ギブス	16	2	4	2	7	2
比江島	4	0	2	0	5	3
遠藤	7	1	2	0	1	1
竹内	4	0	2	0	3	2
渡邉	10	1	2	3	2	0
鵤	5	1	1	0	0	1
橋本	3	1	0	0	4	2
ロシタ	19	0	9	1	7	0
山崎	0	0	0	0	0	1
喜多川	1	0	0	1	0	1
計	72	7	22	7	31	13

東京	得	③	②	F	R	反
安藤	12	2	3	0	5	2
ジョー	11	1	3	2	9	1
正中	4	0	2	0	2	1
須田	3	1	0	0	2	1
菊地	4	0	2	0	3	2
竹内	8	2	0	2	3	1
田中	13	0	6	1	0	0
カーク	18	0	6	6	13	4
計	73	6	22	11	40	13

第11戦 アルバルク東京戦▶
第4Q、ブレックスのギブスがシュートを決める

最終盤に逆転、逃げ切りリベンジ

第12戦 2019.**11.2** **vs. アルバルク東京**

(ブレックスアリーナ、4715人)

宇都宮	79-71	東京
第1Q	18 − 23	
第2Q	19 − 10	
第3Q	21 − 26	
第4Q	21 − 12	

A東京を79-71で下して前日のリベンジに成功、3試合ぶりの白星となった。会場のブレックスアリーナには過去最多の4715人が来場。第1Qは追う展開となったが、第2Qに好守で相手を10得点に抑え、ロシターの6得点など19点を奪って逆転。第3Qは再び劣勢となったが、ギブスの連続得点や渡邉のロングブザービーターなどで食い下がる。1点ビハインドで迎えた第4Qは、ギブスのゴール下や渡邉の3点シュートで残り1分で6点差をつけ、そのまま逃げ切った。

宇都宮	得	③	②	F	R	反
田臥	2	0	1	0	1	1
ギブス	13	0	4	5	5	1
比江島	10	0	3	4	0	4
遠藤	10	1	3	1	1	4
竹内	1	0	0	1	5	0
渡邉	16	3	2	3	3	2
鵤	6	0	2	2	1	4
橋本	3	1	0	0	0	2
ロシタ	18	0	9	0	10	2
喜多川	0	0	0	0	2	0
計	79	5	24	16	36	20

東京	得	③	②	F	R	反
安藤	13	1	5	0	5	2
正中	4	0	1	2	2	1
須田	16	4	1	2	2	3
マチュ	9	1	2	2	8	3
菊地	2	0	1	0	0	2
竹内	10	2	1	2	5	2
田中	9	1	1	4	4	4
カーク	8	0	3	2	4	4
計	71	9	15	14	34	21

今季初の100点ゲームで圧勝

第13戦 2019.**11.9**　**vs. レバンガ北海道**

(ブレックスアリーナ、4495人)

宇都宮 102 - 67 北海道

	宇都宮		北海道
第1Q	33	–	12
第2Q	20	–	16
第3Q	26	–	23
第4Q	23	–	16

北海道に102-67と今季初の100点ゲームで圧勝した。第1Qは遠藤の3点シュートを皮切りに5連続得点でリズムをつかみ、比江島、渡邉らが得点を重ねて33-12。第2Qも橋本の3連続ゴールや山崎稜の3点シュートなどで53-28の大差で折り返した。後半立ち上がりに遠藤が負傷退場するアクシデントに見舞われたものの、比江島や鵤らの活躍でリードを拡大。3点シュートは21本中13本を決める高い成功率が光った。

宇都宮	得	③	②	F	R	反
田　臥	6	0	3	0	1	1
ギブス	12	1	3	3	11	3
比江島	15	3	3	0	0	0
遠　藤	11	3	1	0	0	0
竹　内	8	0	3	2	3	1
田　原	0	0	0	0	0	1
渡　邉	10	2	2	0	0	4
鵤	4	0	1	2	1	1
橋　本	9	1	3	0	2	2
ロシタ	12	0	6	0	15	2
山　崎	12	2	3	0	1	1
喜多川	3	1	0	0	0	1
計	102	13	28	7	38	17

北海道	得	③	②	F	R	反
ミーク	29	0	13	3	14	1
カミン	17	0	7	3	3	2
多　嶋	7	0	3	1	2	2
折　茂	3	1	0	0	0	0
市　岡	4	0	2	0	9	4
桜　井	0	0	0	0	2	1
内　田	0	0	0	0	1	1
川　辺	5	1	1	0	4	1
松　島	2	0	1	0	0	2
計	67	2	27	7	38	14

最大15点差はね返し3連勝

第14戦 2019.**11.10**　**vs. レバンガ北海道**

(ブレックスアリーナ、4472人)

宇都宮 84 - 70 北海道

	宇都宮		北海道
第1Q	13	–	25
第2Q	19	–	20
第3Q	29	–	13
第4Q	23	–	12

北海道に84-70と逆転勝ちし、連勝を3に伸ばした。第1Qから連続10失点を喫するなど苦戦し、第2Qの出だしにはこの日最大の15点ビハインドを背負う展開に。しかし、後半はチームディフェンスが機能し、ターンオーバーなどからの速攻でシュートを重ねた。渡邉、比江島が2本ずつ3点シュートを決め、第3Qの8分に逆転に成功。第4Qは開始直後から連続7得点でリードを広げ、そのまま逃げ切った。

宇都宮	得	③	②	F	R	反
田　臥	0	0	0	0	1	0
ギブス	19	0	5	9	7	2
比江島	15	2	3	3	2	3
竹　内	2	0	0	2	5	1
田　原	0	0	0	0	0	0
渡　邉	11	3	0	2	2	2
鵤	3	1	0	0	0	3
橋　本	3	1	0	0	0	1
ロシタ	23	0	10	3	10	0
山　崎	3	1	0	0	0	1
喜多川	5	1	1	0	1	1
計	84	9	19	19	31	14

北海道	得	③	②	F	R	反
ミーク	25	1	10	2	12	3
カミン	19	0	8	3	3	3
多　嶋	11	3	0	2	0	0
市　岡	4	0	2	0	6	4
桜　井	0	0	0	0	0	1
内　田	4	0	2	0	2	1
川　辺	0	0	0	0	0	3
松　島	7	1	2	0	4	2
計	70	5	24	7	29	17

▲第13戦　レバンガ北海道戦
第2Q、北海道の折茂と競り合うブレックスの遠藤(右)

2019-20 REGULAR SEASON REVIEW

序盤の攻勢光り5連勝

第16戦 2019.**11.17**　**vs. 新潟アルビレックス**

(アオーレ長岡、3498人)

宇都宮 85 - 76 新潟

	宇都宮		新潟
第1Q	34	–	12
第2Q	15	–	20
第3Q	23	–	22
第4Q	13	–	22

新潟に85-76と快勝し、連勝を5に伸ばした。第1Qから比江島が4本の3点シュートをすべて成功させ12得点、さらに鵤が7得点を挙げるなどガード陣の活躍で新潟を圧倒。点の取り合いとなった第3Qは、渡邉の2本の3点シュートなどでリードを広げ、第4Qも相手の反撃をかわして逃げ切った。

新　潟	得	③	②	F	R	反
柏　木	7	2	0	1	2	2
鵜　澤	0	0	0	0	1	1
石　井	13	3	2	0	7	4
森　井	5	0	2	1	2	2
上江田	0	0	0	0	1	0
池　田	3	1	0	0	1	0
パーキ	27	1	8	8	9	1
ハミル	21	0	10	1	4	4
計	76	7	22	11	30	14

宇都宮	得	③	②	F	R	反
ギブス	13	1	5	0	11	3
比江島	17	4	2	1	0	1
遠　藤	6	2	0	0	1	2
竹　内	12	0	6	0	6	2
田　原	2	0	1	0	0	0
渡　邉	12	3	1	1	1	2
鵤	10	2	2	0	1	1
橋　本	3	1	0	0	1	0
ロシタ	8	0	1	6	9	3
山　崎	0	0	0	0	3	2
喜多川	2	0	1	0	1	0
計	85	13	19	8	35	16

後半突き放し4連勝飾る

第15戦 2019.**11.16**　**vs. 新潟アルビレックス**

(アオーレ長岡、3067人)

宇都宮 80 - 63 新潟

	宇都宮		新潟
第1Q	23	–	16
第2Q	11	–	13
第3Q	20	–	16
第4Q	26	–	18

新潟に80-63と快勝し、4連勝を飾った。ランドルフが第3節の千葉戦以来の先発。第1Qは鵤の7得点の活躍などで23-16とリード。第3Qの立ち上がりに追い付かれたものの、そこからロシター、竹内の得点で突き放し、終盤には遠藤の3点シュートでリードを広げた。第4Qにも渡邉の2本の3点シュートなどで得点を重ね、危なげない展開で新潟を振り切った。

新　潟	得	③	②	F	R	反
柏　木	10	1	2	3	1	1
五十嵐	11	1	3	2	3	1
高　橋	0	0	0	0	0	0
鵜　澤	0	0	0	0	2	0
石　井	0	0	0	0	1	1
森　井	7	1	2	0	0	2
上江田	5	1	1	0	1	1
池　田	5	1	0	2	0	1
パーキ	9	0	3	3	9	2
ハミル	16	1	4	5	14	2
計	63	6	15	15	31	11

宇都宮	得	③	②	F	R	反
比江島	3	0	1	1	4	1
遠　藤	8	2	1	0	2	0
竹　内	10	0	5	0	2	1
田　原	0	0	0	0	0	0
渡　邉	15	3	3	0	2	2
鵤	11	1	4	0	4	1
橋　本	5	1	1	0	1	3
ロシタ	19	0	8	3	15	3
山　崎	7	1	2	0	3	0
喜多川	0	0	0	0	1	4
ランド	2	0	1	0	3	4
計	80	8	26	4	41	19

F=フリースロー、R=リバウンド。各項目の合計はチームスコアを含む

攻守に粘り発揮し7連勝

第18戦 2019.**12.8**　**vs. 名古屋ダイヤモンドドルフィンズ**

（大田原市県北体育館、2745人）

宇都宮	87-71	名古屋
第1Q	18 – 16	
第2Q	27 – 19	
第3Q	18 – 24	
第4Q	24 – 12	

前日に続き、名古屋Dを87-71で撃破。前半からパスミスやターンオーバーを繰り返して波に乗れず、第1Qは接戦に。第2Q終盤に渡邉の連続3点シュートなどでリードを10点に広げて前半を折り返した。第3Qには相手のインサイドへの攻撃に苦しみ、4点差に詰め寄られたが、第4Qにはロシターの3本の3点シュートや喜多川のジャンプシュートなどで再び突き放した。

宇都宮	得	③	②	F	R	反
ギブス	5	1	1	0	8	3
比江島	10	2	2	0	2	1
竹　内	2	0	1	0	3	0
田　原	3	1	0	0	0	0
渡　邉	20	4	4	0	1	1
鵤	10	2	2	0	3	0
橋　本	3	1	0	0	1	3
ロシタ	19	5	2	0	10	1
山　崎	0	0	0	0	1	0
喜多川	15	1	6	0	1	3
計	87	17	18	0	38	12

名古屋	得	③	②	F	R	反
小　林	0	0	0	0	1	1
満　田	2	0	1	0	0	0
レーン	19	0	8	3	12	0
張　本	0	0	0	0	2	5
安　藤	0	0	0	0	0	0
中　東	14	1	5	1	3	1
中　務	6	2	0	0	0	0
アーム	7	0	3	1	7	2
笹　山	2	0	1	0	6	1
木　下	21	3	6	0	1	2
計	71	6	24	5	35	12

最大15点差を逆転し6連勝

第17戦 2019.**12.7**　**vs. 名古屋ダイヤモンドドルフィンズ**

（大田原市県北体育館、2855人）

宇都宮	81-77	名古屋
第1Q	16 – 24	
第2Q	15 – 10	
第3Q	19 – 27	
第4Q	31 – 16	

西地区の名古屋Dと対戦、最大15点差をはね返し、81-77で逆転勝ち。中断期間を挟んで連勝を6に伸ばした。第1Qから追いかける展開となり、前半を31-34で折り返し。後半も相手の激しいディフェンスの前に得点を伸ばせず、第4Q序盤にはビハインドが最大の15点に広がった。しかし、その後、喜多川や日本国籍を取得したばかりのロシターの3点シュートなどで逆転に成功。最後は渡邉のフリースローで相手を突き放した。

宇都宮	得	③	②	F	R	反
ギブス	4	0	2	0	7	0
比江島	12	2	3	0	3	4
竹　内	6	0	1	4	8	4
渡　邉	4	0	1	2	3	4
鵤	8	2	1	0	1	0
橋　本	5	1	1	0	1	2
ロシタ	32	2	10	6	16	2
山　崎	0	0	0	0	0	1
喜多川	10	2	2	0	0	2
計	81	9	21	12	46	19

名古屋	得	③	②	F	R	反
小　林	3	1	0	0	1	0
レーン	15	0	7	1	7	0
張　本	12	4	0	0	3	4
安　藤	19	3	3	4	3	3
中　東	3	0	1	1	4	1
アーム	12	0	3	6	14	3
笹　山	0	0	0	0	2	5
木　下	13	1	5	0	1	0
計	77	9	19	12	39	16

最終盤に逆転、逃げ切りリベンジ

第19戦 2019.**12.11**　**vs. 秋田ノーザンハピネッツ**

（ブレックスアリーナ、4715人）

宇都宮	81-63	秋田
第1Q	19 – 8	
第2Q	19 – 10	
第3Q	21 – 20	
第4Q	22 – 25	

難敵の秋田に81-63と圧勝、連勝を今季最多の8連勝に伸ばした。日本国籍を取得したロシターが「帰化枠」で出場。第1Qに遠藤が負傷退場するアクシデントに見舞われたが、鵤の3点シュートなどで先行し、第2Qも喜多川、ロシターらの活躍により38-18で折り返し。後半も第3Qに比江島が4連続ゴール、第4Qに山崎が連続3点シュートを決めるなど最後まで秋田を寄せ付けなかった。

宇都宮	得	③	②	F	R	反
ギブス	9	0	3	3	6	3
比江島	10	1	3	1	0	3
遠　藤	0	0	0	0	1	0
竹　内	4	0	2	0	2	1
田　原	0	0	0	0	0	0
渡　邉	4	0	2	0	1	1
鵤	7	1	2	0	2	2
橋　本	0	0	0	0	0	0
ロシタ	19	2	5	3	10	3
山　崎	11	3	1	0	0	3
喜多川	15	3	2	2	1	3
ランド	2	0	0	2	3	1
計	81	10	20	11	31	20

秋　田	得	③	②	F	R	反
細　谷	11	1	3	2	1	1
野　本	2	0	1	0	1	1
伊　藤	0	0	0	0	0	2
中　山	8	2	1	0	4	3
長谷川	5	0	2	1	1	0
保　岡	9	1	1	4	1	0
ウィア	3	0	1	1	5	5
カータ	5	0	2	1	7	2
キーナ	18	0	5	8	7	4
古　川	2	0	1	0	2	1
計	63	4	17	17	33	19

第19戦　秋田ノーザンハピネッツ戦▶
第2Q、自陣ゴール下でリバウンドを奪いにかかる
ブレックスの鵤（右から2人目）

終盤の猛攻で破竹の9連勝

第20戦 2019.**12.14**　**vs. 京都ハンナリーズ**

（島津アリーナ京都、2019人）

宇都宮	87-67	京都
第1Q	32 – 8	
第2Q	9 – 18	
第3Q	23 – 28	
第4Q	23 – 13	

西地区の京都に87-67で快勝し、連勝を9に伸ばした。第1Qからリズムのある攻撃を展開し、比江島のジャンプシュートなどで32-8と圧倒。第2Q、第3Qは相手の勢いに押されて第4Q中盤には一時8点差まで詰め寄られたが、その後は竹内、喜多川の連続ゴールなどで突き放した。

京　都	得	③	②	F	R	反
ゴーバ	20	1	8	1	9	1
中　村	4	0	1	2	2	4
村　上	7	0	3	1	1	1
岡　田	5	1	1	0	1	1
玉　木	2	0	1	0	1	0
松　井	11	0	5	1	3	3
マブン	14	1	3	5	2	1
内　海	2	0	1	0	2	1
永　吉	2	0	1	0	8	2
計	67	3	24	10	31	14

宇都宮	得	③	②	F	R	反
ギブス	10	0	2	6	10	3
比江島	17	1	7	0	3	1
竹　内	8	0	4	0	8	1
田　原	4	0	2	0	0	2
渡　邉	10	2	2	0	1	2
鵤	8	2	1	0	3	3
橋　本	0	0	0	0	2	0
ロシタ	15	0	7	1	9	1
山　崎	6	1	1	1	1	1
喜多川	9	2	1	1	2	3
ランド	0	0	0	0	1	2
計	87	8	27	9	45	20

「粗さ」目立つも11連勝

第22戦 2019.**12.21** **vs. 三遠ネオフェニックス**

（ブレックスアリーナ、4502人）

宇都宮	89-79	三遠
第1Q	19 – 14	
第2Q	20 – 18	
第3Q	26 – 19	
第4Q	24 – 28	

中地区の三遠に89-79で快勝、Bリーグ発足後のクラブ記録を更新する11連勝を達成した。第1Qは新加入のジャワッド・ウィリアムズや喜多川の3点シュートなどで19-14と先行し、第2Qも山崎が2本の3点シュートを決めるなどして39-32で折り返し。しかし、チームプレーには「粗さ」が目立ち、第4Qには一時9点差まで詰め寄られたものの、鵤、橋本らの3点シュートで突き放した。

22

宇都宮	得	③	②	F	R	反
ウィリ	4	1	0	1	5	1
比江島	8	0	3	2	2	3
竹内	6	0	3	0	3	1
田原	0	0	0	0	0	0
渡邉	9	1	3	0	2	2
鵤	10	2	2	0	3	1
橋本	3	1	0	0	1	1
ロシタ	27	1	12	0	9	1
山崎	11	3	1	0	3	4
喜多川	11	3	1	0	0	3
計	81	12	25	3	31	17

三遠	得	③	②	F	R	反
ドジャ	19	0	8	3	9	3
寺園	15	3	2	2	0	3
北原	0	0	0	0	0	0
太田	2	0	1	0	1	0
柳川	0	0	0	0	0	0
岡田	2	0	1	0	2	1
ダシル	0	0	0	0	0	0
西川	24	3	4	7	4	3
鈴木	0	0	0	0	0	1
菅野	4	0	2	0	0	0
グラッ	13	0	5	3	7	1
計	79	6	23	15	26	12

チーム初の10連勝達成

第21戦 2019.**12.15** **vs. 京都ハンナリーズ**

（島津アリーナ京都、3010人）

宇都宮	78-58	京都
第1Q	13 – 8	
第2Q	27 – 19	
第3Q	23 – 9	
第4Q	15 – 22	

京都に78-58と快勝、今季最少失点記録を更新するとともにBリーグ加盟後初の10連勝を達成した。第1Qはギブスらのゴールで13-8と先行。第2Qにも竹内、橋本の3点シュートなどで27点を挙げ、前半を40-27と圧倒した。後半に入っても勢いは衰えず、渡邉、ロシター、田原隆徳らが躍動し、相手の外国籍選手を中心とした反撃もかわして逃げ切った。

21

京都	得	③	②	F	R	反
ゴーバ	21	0	10	1	13	1
中村	4	0	2	0	5	2
村上	0	0	0	0	1	0
岡田	0	0	0	0	2	2
玉木	0	0	0	0	1	2
松井	14	2	4	0	2	2
マブン	19	1	6	4	10	2
内海	0	0	0	0	4	4
永吉	0	0	0	0	0	0
計	58	3	22	5	40	16

宇都宮	得	③	②	F	R	反
ギブス	11	0	5	1	13	1
比江島	11	1	4	0	0	3
竹内	7	1	1	2	3	0
田原	6	1	1	1	0	1
渡邉	8	0	3	2	3	3
鵤	7	1	2	0	2	0
橋本	6	2	0	0	1	2
ロシタ	13	0	6	1	8	3
山崎	5	1	1	0	3	2
喜多川	4	0	2	0	3	0
ランド	0	0	0	0	2	2
計	78	7	25	7	44	17

後半突き放し12連勝飾る

第23戦 2019.**12.22** **vs. 三遠ネオフェニックス**

（ブレックスアリーナ、4014人）

宇都宮	86-61	三遠
第1Q	23 – 17	
第2Q	17 – 13	
第3Q	23 – 18	
第4Q	23 – 13	

控え組の活躍などで三遠に86-61と圧勝、クラブ連勝記録を12に伸ばした。前半の序盤からウィリアムズ、ロシターらがゴールを重ね、第2Qにはランドルフらが4本の3点シュートを沈めるなどして40-30で折り返し。後半は立ち上がりに相手攻勢を受けたものの、渡邉の3点シュートなどで流れを戻し、第4Qは主導権を手放すことなく逃げ切りに成功した。

23

宇都宮	得	③	②	F	R	反
ウィリ	10	1	2	3	2	2
比江島	0	0	0	0	1	0
竹内	4	0	2	0	9	3
田原	2	0	0	2	1	1
渡邉	19	5	2	0	1	1
鵤	6	0	2	2	1	3
橋本	9	2	1	1	3	1
ロシタ	20	3	5	1	8	3
山崎	0	0	0	0	2	0
喜多川	7	1	2	0	1	4
ランド	9	2	1	1	7	2
計	86	14	17	10	40	20

三遠	得	③	②	F	R	反
ドジャ	4	0	2	0	12	3
寺園	9	1	2	2	2	3
北原	0	0	0	0	0	0
太田	8	0	4	0	3	2
柳川	4	0	2	0	1	1
岡田	8	2	1	0	0	1
ダシル	0	0	0	0	0	0
西川	8	2	1	0	3	1
鈴木	3	0	0	3	0	1
菅野	2	0	1	0	0	2
グラッ	15	0	6	3	10	3
計	61	5	19	8	38	17

第23戦　三遠ネオフェニックス戦▲

第1Q、セカンドチャンスからゴールを決めるブレックスの竹内（右）

2019-20 REGULAR SEASON REVIEW

速攻と粘りが光り13連勝

第24戦 2019.**12.25** **vs. 千葉ジェッツ**

（ブレックスアリーナ、4725人）

宇都宮	82-79	千葉
第1Q	22 – 21	
第2Q	20 – 17	
第3Q	18 – 16	
第4Q	22 – 25	

宿敵・千葉に82-79で競り勝ち、2007年のチーム設立後で新記録となる13連勝を飾った。年内ホーム最終戦で、会場にはホームゲーム過去最多の4725人が来場。ギブスが3試合ぶりに先発復帰し、第2Qには渡邉が4本の3点シュートを決めるなどの活躍で42-38で前半折り返し。第4Qは終盤に3点差まで詰め寄られたものの、ギブスの得点などで逃げ切った。

24

宇都宮	得	③	②	F	R	反
ウィリ	5	1	1	0	2	2
ギブス	13	2	2	3	6	3
比江島	17	1	6	2	7	3
竹内	8	0	4	0	6	1
渡邉	12	2	2	2	2	4
鵤	7	1	2	0	2	2
橋本	3	1	0	0	0	1
ロシタ	15	1	6	0	9	2
山崎	0	0	0	0	0	0
喜多川	2	0	1	0	0	2
計	82	9	24	7	41	20

千葉	得	③	②	F	R	反
富樫	16	0	6	4	4	2
パーカ	13	0	5	3	7	2
フリッ	8	0	4	0	3	4
田口	2	0	1	0	1	1
晴山	0	0	0	0	0	0
メイヨ	19	0	7	5	5	0
藤永	2	0	1	0	1	2
エドワ	17	1	4	6	9	2
原	2	0	1	0	3	3
小野	0	0	0	0	0	0
計	79	1	29	18	38	16

 F=フリースロー、R=リバウンド。各項目の合計はチームスコアを含む

再逆転で手堅く15連勝達成

第26戦 2019.**12.29**　**vs. 秋田ノーザンハピネッツ**

（ＣＮＡアリーナ★あきた、4396人）

宇都宮	**78-69**	秋田
第1Q	16 － 15	
第2Q	17 － 16	
第3Q	24 － 21	
第4Q	21 － 17	

秋田に78-69と競り勝ち15連勝、年内最終戦を白星で飾った。第1Q立ち上がりに5点のビハインドを背負ったが、ロシター、竹内らのゴールで逆転。第2Qも山崎の3点シュートなどで流れをたぐり寄せ、33-31で前半を折り返した。第3Q序盤に勝ち越しを許したものの、山崎、ウィリアムズの3点シュートなどで再逆転に成功。第4Qにウィリアムズのゴールなどで突き放した。

秋田	得	③	②	F	R	反
細谷	5	1	1	0	1	1
野本	4	0	2	0	0	1
伊藤	8	0	4	0	0	3
長谷川	0	0	0	0	0	3
保岡	3	1	0	0	4	1
ウィア	19	0	7	5	16	4
キーナ	17	0	6	5	6	3
コール	5	0	2	1	7	4
古川	8	0	2	4	1	2
計	69	2	24	15	36	22

宇都宮	得	③	②	F	R	反
ウィリ	12	2	1	4	5	2
ギブス	9	0	3	3	5	5
比江島	4	0	2	0	2	3
竹内	15	0	5	5	7	1
田原	0	0	0	0	0	0
渡邉	1	0	0	1	3	3
鵤	2	0	1	0	0	2
橋本	2	0	1	0	0	0
ロシタ	19	0	6	7	12	3
山崎	12	4	0	0	2	0
喜多川	2	0	1	0	4	2
計	78	6	20	20	48	21

攻撃かみ合い14連勝

第25戦 2019.**12.28**　**vs. 秋田ノーザンハピネッツ**

（ＣＮＡアリーナ★あきた、4130人）

宇都宮	**74-61**	秋田
第1Q	17 － 10	
第2Q	25 － 9	
第3Q	15 － 17	
第4Q	17 － 25	

秋田に74-61と快勝、14連勝を飾った。前半から攻撃がかみ合い、比江島、喜多川は前半だけで2桁得点をマーク。第2Qには連続11得点を記録するなど相手を完璧に抑え、42-19で前半を折り返した。後半はやや失速したものの、第4Qにウィリアムズが6得点を挙げるなどスコアを伸ばし、そのままリードを維持して逃げ切った。

秋田	得	③	②	F	R	反
細谷	8	0	2	4	2	1
野本	5	0	2	1	1	2
今川	0	0	0	0	0	0
伊藤	0	0	0	0	5	0
長谷川	0	0	0	0	0	2
保岡	7	1	2	0	2	5
ウィア	10	0	3	4	9	3
キーナ	21	0	5	11	5	5
コール	6	0	3	0	13	0
古川	4	0	1	2	3	2
計	61	1	18	22	43	20

宇都宮	得	③	②	F	R	反
ウィリ	6	0	1	4	4	1
ギブス	4	0	1	2	7	2
比江島	10	0	5	0	0	5
竹内	3	0	1	1	4	1
田原	0	0	0	0	0	1
渡邉	12	2	3	0	4	1
鵤	8	2	1	0	0	2
橋本	0	0	0	0	1	2
ロシタ	12	0	3	6	7	4
山崎	4	1	0	1	1	3
喜多川	15	3	3	0	2	2
計	74	8	18	14	38	24

2019-20 REGULAR SEASON REVIEW

◀第27戦
琉球ゴールデンキングス戦
第1Q、ゴール下でパスを出す
ブレックスのギブス（中央）

「堅守速攻」で雪辱果たす

第28戦 2020.**1.5**　**vs. 琉球ゴールデンキングス**

（沖縄市体育館、3389人）

宇都宮	**83-69**	琉球
第1Q	24 － 15	
第2Q	25 － 12	
第3Q	16 － 23	
第4Q	18 － 19	

琉球に83-69と快勝、前日の雪辱を果たした。第1Qからギブスが8得点するなど琉球を圧倒し、第2Qはウィリアムズの3点シュートなどで突き放して49-27で折り返し。第3Qには点差を詰められたが、第4Qで山崎のスティールから速攻を仕掛けるなど流れを引き戻し、連敗を回避。ギブスはチームトップの22得点、10リバウンドと「ダブルダブル」の活躍が光った。

琉球	得	③	②	F	R	反
石崎	0	0	0	0	0	0
福田	0	0	0	0	0	0
並里	4	0	2	0	3	5
ブルッ	10	1	3	1	5	3
長谷川	4	1	0	1	1	2
岸本	8	2	1	0	3	4
寒竹	0	0	0	0	0	1
満原	5	1	1	0	6	1
小野寺	4	0	1	2	1	3
クーリ	27	0	7	13	17	2
牧	7	1	2	0	2	2
計	69	6	17	17	42	23

宇都宮	得	③	②	F	R	反
ウィリ	16	1	6	1	6	3
ギブス	22	2	6	4	10	3
比江島	6	0	1	4	3	1
田原	0	0	0	0	1	0
渡邉	3	1	0	0	2	3
鵤	7	1	2	0	3	2
橋本	0	0	0	0	0	0
ロシタ	9	0	4	1	6	3
山崎	10	2	1	2	0	2
喜多川	10	2	2	0	2	2
計	83	9	22	12	36	19

リズム欠き、連勝ストップ

第27戦 2020.**1.4**　**vs. 琉球ゴールデンキングス**

（沖縄市体育館、3401人）

琉球	**84-82**	宇都宮
第1Q	22 － 17	
第2Q	20 － 23	
第3Q	18 － 12	
第4Q	21 － 30	

琉球に82-84と競り負け、連勝は15でストップした。ブレックスの敗戦は19年11月1日のＡ東京戦以来、約2カ月ぶり。前半から琉球の激しい攻勢を受け、40-42で折り返し。第3Qはギブスらのゴールで追いすがるもターンオーバーを繰り返し52-60と引き離された。第4Qに渡邉、比江島、ロシターの3点シュートなどで追い上げたが最後までリズムをつかめなかった。

琉球	得	③	②	F	R	反
石崎	9	2	1	1	3	2
福田	0	0	0	0	0	0
並里	15	1	4	4	5	3
ブルッ	11	1	3	2	4	3
長谷川	3	0	0	3	3	3
岸本	8	2	1	0	1	1
寒竹	3	1	0	0	0	2
満原	0	0	0	0	1	2
小野寺	5	1	1	0	2	4
クーリ	30	0	11	8	12	3
牧	0	0	0	0	0	1
計	84	8	21	18	35	24

宇都宮	得	③	②	F	R	反
ウィリ	17	1	6	2	3	2
ギブス	3	0	0	3	7	3
比江島	15	2	4	1	2	4
田原	0	0	0	0	0	0
渡邉	3	1	0	0	3	1
鵤	7	1	2	0	0	3
橋本	0	0	0	0	1	0
ロシタ	28	1	9	7	10	4
山崎	2	0	1	0	1	2
喜多川	7	1	1	2	1	3
計	82	7	23	15	32	22

攻撃かみ合わず2連敗喫す

第30戦 2020.**1.22** **vs. 秋田ノーザンハピネッツ**

（秋田県立体育館、2505人）

秋田 **66-64** 宇都宮

	秋田		宇都宮
第1Q	23	–	12
第2Q	14	–	21
第3Q	18	–	10
第4Q	11	–	21

秋田に64-66と惜敗し、2連敗となった。ケガから復帰した遠藤が11試合ぶりに出場。第1Qはテーブスが得点を重ねたものの、相手の激しいディフェンスの前に攻撃が停滞し12-23。第2Qに渡邉らのゴールで反撃し、33-37と点差を詰めて前半を折り返した。しかし、後半も相手の厳しい守備に苦しみ、第3Qはわずか10得点。第4Qに比江島の3点シュートで一時同点としたものの、最後に振り切られた。

秋田	得	③	②	F	R	反
野本	4	0	1	2	1	2
白浜	6	1	1	1	0	4
伊藤	3	0	1	1	1	1
中山	4	0	2	0	4	1
長谷川	2	0	0	2	2	2
多田	0	0	0	0	0	0
保岡	5	1	1	0	1	2
ウィア	8	0	2	4	9	4
カータ	17	2	3	5	10	2
コール	10	0	5	0	8	3
古川	7	1	1	2	0	2
計	66	5	17	17	39	23

宇都宮	得	③	②	F	R	反
ウィリ	4	0	0	4	7	1
ギブス	8	1	2	1	7	2
比江島	8	2	1	0	4	4
テーブ	7	1	2	0	0	1
遠藤	4	0	2	0	1	2
竹内	6	0	2	2	5	2
渡邉	10	2	0	4	2	3
鮎	1	0	0	1	0	0
橋本	0	0	0	0	0	2
ロシタ	11	0	4	3	8	3
山崎	2	0	1	0	0	3
喜多川	3	1	0	0	4	1
計	64	7	14	15	45	24

終盤力尽き、今年ホーム初黒星

第29戦 2020.**1.15** **vs. サンロッカーズ渋谷**

（ブレックスアリーナ、3923人））

渋谷 **88-84** 宇都宮

	渋谷		宇都宮
第1Q	17	–	28
第2Q	23	–	17
第3Q	19	–	16
第4Q	29	–	23

今年初のホームゲームで渋谷に84-88と競り負けた。第1Qにギブスの連続得点などで先行し、新加入のテーブス海が山崎の3点シュートをアシストするなど歯車もかみ合い、前半を45-40で折り返した。第3Qは立ち上がりにミスから失点を重ねたが、ロシター、ギブスらの得点で61-59とリードを保つ。しかし、第4Qは序盤に連続9失点で逆転を許してしまい、テーブスの3点シュートなどで反撃したが一歩及ばなかった。

宇都宮	得	③	②	F	R	反
ウィリ	4	0	2	0	0	0
ギブス	19	1	4	8	11	3
比江島	14	2	2	4	2	1
テーブ	12	2	3	0	1	2
竹内	8	0	4	0	7	4
渡邉	0	0	0	0	3	4
鮎	2	0	1	0	0	1
橋本	0	0	0	0	0	1
ロシタ	11	0	5	1	7	5
山崎	8	2	1	0	3	3
喜多川	6	2	0	0	0	3
計	84	9	22	13	35	27

渋谷	得	③	②	F	R	反
関野	3	1	0	0	0	1
サイズ	35	0	13	9	14	0
ベンド	8	1	2	1	3	4
ジャク	19	0	8	3	9	4
杉浦	0	0	0	0	1	1
渡辺	0	0	0	0	1	5
野口	2	0	1	0	1	0
広瀬	0	0	0	0	0	2
石井	5	1	1	0	0	1
山内	11	1	3	2	0	1
盛実	5	1	1	0	2	2
計	88	5	29	15	33	21

今季初の3連敗、首位陥落

第31戦 2020.**1.25** **vs. 大阪エヴェッサ**

（ブレックスアリーナ、4253人）

大阪 **72-69** 宇都宮

	大阪		宇都宮
第1Q	13	–	22
第2Q	19	–	18
第3Q	24	–	17
第4Q	16	–	12

西地区首位の大阪に69-72と競り負け3連敗。19年11月2日から守り続けてきた東地区首位の座をA東京に明け渡した。第1Qはケガから復帰した遠藤を中心に激しいディフェンスで主導権を握り、22-13。第2Qもテーブスの3点シュートやロシターの速攻などで得点を重ね、8点リードで前半を終えた。しかし、後半は大阪の勢いに押され、第4Q残り5分を切って逆転を許した。

宇都宮	得	③	②	F	R	反
ウィリ	3	1	0	0	0	2
ギブス	0	0	0	0	4	1
比江島	12	0	6	0	2	3
テーブ	11	1	3	2	4	2
遠藤	10	2	2	0	2	3
竹内	4	0	2	0	4	1
渡邉	0	0	0	0	1	0
鮎	4	0	2	0	0	2
ロシタ	20	0	9	2	14	2
山崎	0	0	0	0	0	1
喜多川	5	1	1	0	0	2
計	69	5	25	4	35	19

大阪	得	③	②	F	R	反
今野	0	0	0	0	0	0
伊藤	4	0	2	0	8	2
バロー	2	0	1	0	10	0
長谷川	0	0	0	0	0	0
中村	5	0	2	1	0	2
橋本	12	1	3	3	3	1
合田	7	0	3	1	2	1
ブラウ	13	0	5	3	10	1
ハレル	29	2	11	1	11	2
計	72	3	27	9	48	9

激しく守り連敗止める

第32戦 2020.**1.26** **vs. 大阪エヴェッサ**

（ブレックスアリーナ、4262人）

宇都宮 **85-73** 大阪

	宇都宮		大阪
第1Q	18	–	27
第2Q	29	–	15
第3Q	20	–	19
第4Q	18	–	12

ロシターの30得点を挙げる活躍などで大阪に85-73と快勝し、連敗を3で止めた。前半の序盤は要所でターンオーバーを繰り返す苦しい立ち上がり。しかし、第2Qからディフェンスの強度を上げて徐々にリズムをつかみ、遠藤、比江島らのゴールで逆転に成功。後半も勢いを持続し、ギブス、比江島のスチールから速攻につなげて得点を重ね、粘る相手を振り切った。

宇都宮	得	③	②	F	R	反
ウィリ	0	0	0	0	1	0
ギブス	13	1	5	0	12	1
比江島	9	1	1	4	1	4
テーブ	2	0	0	2	1	0
遠藤	9	1	3	0	1	3
竹内	2	0	0	2	5	3
渡邉	13	3	2	0	4	1
鮎	4	0	2	0	0	2
ロシタ	30	1	10	7	5	2
山崎	3	1	0	0	0	2
喜多川	0	0	0	0	0	0
計	85	8	23	15	33	18

大阪	得	③	②	F	R	反
伊藤	13	0	6	1	2	1
ヘンド	12	0	6	0	10	4
長谷川	0	0	0	0	0	0
中村	0	0	0	0	0	1
橋本	18	2	3	6	4	2
合田	10	2	2	0	0	3
小阪	3	0	1	1	0	1
ハレル	17	3	4	0	17	4
計	73	7	22	8	36	16

▲第31戦　大阪エヴェッサ戦

第2Q、大阪の激しい守備の前にシュート体勢を崩すブレックスのロシター（中央）

F=フリースロー、R=リバウンド。各項目の合計はチームスコアを含む

3連勝で首位をキープ

第34戦 2020.**2.1**　**vs. 三遠ネオフェニックス**

（浜松アリーナ、4649人）

宇都宮	94-75	三遠
第1Q	22 – 15	
第2Q	28 – 14	
第3Q	29 – 23	
第4Q	15 – 23	

立ち上がりから三遠を圧倒し94-75で快勝、3連勝で東地区首位をキープした。第1Qはギブス、鵤らで3本の3点シュートを成功させて主導権を握り、第2Qもウィリアムズ、山崎らのゴールが決まって50-29で前半折り返し。後半も第3Qにロシター、ギブスらの得点でリードを広げ、第4Qには23点を奪われたものの、喜多川のスチールから速攻、山崎のジャンプショットで突き放した。

三遠	得	③	②	F	R	反
河村	10	2	1	2	6	3
ドジャ	16	1	4	5	5	0
寺園	10	2	2	0	0	2
川嶋	2	0	1	0	0	1
太田	2	0	1	0	2	1
岡田	0	0	0	0	1	0
西川	15	4	1	1	3	1
菅野	3	1	0	0	1	2
グラッ	17	0	8	1	11	1
計	75	10	18	9	29	11

宇都宮	得	③	②	F	R	反
ウィリ	9	1	3	0	4	0
ギブス	9	1	3	0	4	1
比江島	2	0	1	0	0	2
テーブ	8	0	4	0	1	2
遠藤	10	2	2	0	2	0
竹内	6	0	3	0	7	0
渡邉	6	2	0	0	2	1
鵤	5	1	1	0	1	3
橋本	3	1	0	0	1	2
ロシタ	19	0	8	3	6	1
山崎	9	1	3	0	2	2
喜多川	8	1	2	1	0	1
計	94	10	30	4	34	15

難敵を撃破、首位に再浮上

第33戦 2020.**1.29**　**vs. アルバルク東京**

（ブレックスアリーナ、4371人）

宇都宮	74-64	東京
第1Q	18 – 15	
第2Q	21 – 12	
第3Q	16 – 19	
第4Q	19 – 18	

東地区首位のA東京に74-64と快勝、同地区首位に再浮上した。第1Qはギブスらの得点やテーブスのブザービーターの3点シュートにより18-15とリード。第2Qは比江島の激しいディフェンスや遠藤のスチールなどから連続9得点を奪ってペースを握った。後半も比江島、ギブスの3点シュートや竹内のブロックショットで流れを渡さず、渡邉、ロシターの3点シュートなどで粘る相手を振り切った。

宇都宮	得	③	②	F	R	反
ウィリ	2	0	1	0	2	0
ギブス	16	1	5	3	7	3
比江島	10	2	2	0	1	2
テーブ	5	1	1	0	0	1
遠藤	8	0	4	0	5	2
竹内	6	0	3	0	7	2
渡邉	6	2	0	0	2	3
鵤	4	0	2	0	5	2
橋本	0	0	0	0	0	1
ロシタ	17	1	5	4	11	0
山崎	0	0	0	0	0	1
喜多川	0	0	0	0	0	0
計	74	7	23	7	45	17

東京	得	③	②	F	R	反
安藤	12	1	2	5	3	0
ジョー	9	0	4	1	4	2
バラン	5	1	1	0	6	1
須田	3	1	0	0	3	3
菊地	0	0	0	0	1	4
竹内	7	1	2	0	3	1
田中	8	1	1	3	1	2
津山	0	0	0	0	1	1
カーク	20	0	8	4	11	1
計	64	5	18	13	36	15

今季最少失点で4連勝飾る

第35戦 2020.**2.2**　**vs. 三遠ネオフェニックス**

（浜松アリーナ、4722人）

宇都宮	87-50	三遠
第1Q	24 – 15	
第2Q	21 – 15	
第3Q	22 – 14	
第4Q	20 – 6	

守備が機能して今季最少失点となる87-50で三遠に快勝、4連勝で東地区首位をキープ。第1Qの立ち上がりに鵤のスチールから速攻に転じ、さらに遠藤、ギブスもスチールを決めるなど守備から流れを引き寄せた。第2Qは渡邉、ウィリアムズらが3点シュートを決め、45-30で折り返し。後半も竹内、喜多川がミドルシュートを決めてリードを広げた。

三遠	得	③	②	F	R	反
河村	10	2	0	4	0	3
ドジャ	10	0	5	0	7	2
寺園	9	3	0	0	2	1
川嶋	2	0	1	0	1	1
太田	8	0	3	2	3	1
柳川	0	0	0	0	1	1
岡田	0	0	0	0	2	1
西川	3	1	0	0	0	2
菅野	5	1	1	0	2	0
グラッ	3	0	1	1	6	3
計	50	7	11	7	26	15

宇都宮	得	③	②	F	R	反
ウィリ	14	4	1	0	5	0
ギブス	12	0	4	4	16	1
比江島	12	0	6	0	1	1
テーブ	6	0	3	0	1	3
遠藤	6	0	3	0	0	3
竹内	6	0	3	0	4	1
渡邉	3	1	0	0	0	0
鵤	12	3	1	1	2	2
橋本	0	0	0	0	3	0
ロシタ	12	1	3	3	9	1
山崎	0	0	0	0	0	3
喜多川	4	0	2	0	1	2
計	87	9	26	8	51	17

要所でミス連発、接戦落とす

第36戦 2020.**2.8**　**vs. 川崎ブレイブサンダース**

（ブレックスアリーナ、4705人）

川崎	74-72	宇都宮
第1Q	20 – 20	
第2Q	19 – 12	
第3Q	17 – 17	
第4Q	18 – 23	

中地区首位の川崎に72-74で競り負け、連勝は4でストップした。第1Qは一進一退の展開となり、遠藤、ギブスの3点シュートで追い上げ20-20。第2Qは相手にインサイドを攻略され、32-39で前半を折り返した。第3Qに一時10点差まで広げられたが、鵤の連続7得点や遠藤のブザービーターの3点シュートで49-56。第4Qはウィリアムズの3点シュートで一時逆転に成功したものの、すぐに勝ち越しされ涙をのんだ。

宇都宮	得	③	②	F	R	反
ウィリ	3	1	0	0	2	1
ギブス	17	2	5	1	9	3
比江島	9	1	3	0	2	4
テーブ	2	0	1	0	0	1
遠藤	13	3	1	2	2	4
竹内	2	0	1	0	8	1
渡邉	0	0	0	0	1	2
鵤	15	3	3	0	2	1
ロシタ	9	1	3	0	7	3
山崎	0	0	0	0	0	1
喜多川	2	0	0	2	0	0
計	72	11	17	5	38	21

川崎	得	③	②	F	R	反
藤井	22	1	7	5	2	2
増田	4	0	2	0	3	2
辻	1	0	0	1	2	1
鎌田	0	0	0	0	0	0
ファジ	21	1	7	4	9	3
ソープ	0	0	0	0	2	1
大塚	0	0	0	0	0	0
熊谷	8	2	1	0	2	3
長谷川	3	1	0	0	1	1
ヒース	15	0	6	3	10	1
計	74	5	23	13	36	14

▲第36戦　川崎ブレイブサンダース戦

第2Q、ブレックスの鵤（中央）がスチールからゴールを狙う

高い集中力で競り勝つ

第38戦 2020.**2.16**　**vs. シーホース三河**

（スカイホール豊田、4341人）

宇都宮 83-75 三河

第1Q	23	–	27
第2Q	21	–	16
第3Q	20	–	13
第4Q	19	–	19

東地区2位となったブレックスは三河に83-75と競り勝ったが、地区順位は2位のまま。第1Qは比江島やロシターの活躍で優位に試合を進めたが、終盤に逆転を許し23-27。第2Qは相手のターンオーバーを誘発させ44-43と逆転に成功した。後半もウィリアムズ、ロシターらを中心に高い集中力を発揮し、リードを守り切った。

38

三　河	得	③	②	F	R	反
会　田	4	0	2	0	1	1
川　村	6	0	3	0	2	2
岡　田	2	0	1	0	0	0
長　野	0	0	0	0	0	0
森　川	0	0	0	0	0	0
熊　谷	6	0	3	0	0	1
金　丸	18	1	6	3	1	0
シモン	10	0	5	0	14	3
加　藤	0	0	0	0	1	0
桜　木	7	0	3	1	2	3
ガード	22	1	7	5	9	3
計	75	2	30	9	33	13

宇都宮	得	③	②	F	R	反
ウィリ	16	2	4	2	4	2
ギブス	9	0	3	3	6	4
比江島	14	1	5	1	3	3
テーブ	0	0	0	0	0	0
遠　藤	4	1	0	1	1	2
竹　内	2	0	1	0	4	1
渡　邉	5	1	1	0	0	1
鵤	10	0	5	0	3	1
橋　本	0	0	0	0	0	0
ロシタ	23	0	10	3	8	2
山　崎	0	0	0	0	0	1
喜多川	0	0	0	0	0	1
計	83	5	29	10	32	18

底力発揮、川崎に今季初白星

第37戦 2020.**2.9**　**vs. 川崎ブレイブサンダース**

（ブレックスアリーナ、4740人）

宇都宮 76-67 川崎

第1Q	22	–	23
第2Q	12	–	21
第3Q	20	–	12
第4Q	22	–	11

今季公式戦4戦全敗だった川崎に76-67で競り勝ち、雪辱を果たした。第1Q開始42病に遠藤が3点シュートを決めて先制。第2Qはテーブスの3点シュートで一時7点をリードしたが、そこから連続12失点を喫し34-44で折り返し。第3Qにギブスが連続10得点と気を吐き、渡邉の3点シュートで2点差に詰める。第4Qはギブス、遠藤らで連続10点を奪って逆転。最後はロシターの豪快なダンクシュートで決着を付けた。

37

宇都宮	得	③	②	F	R	反
ウィリ	3	1	0	0	2	2
ギブス	24	1	9	3	7	2
比江島	2	0	1	0	2	3
テーブ	5	1	1	0	0	0
遠　藤	15	2	4	1	4	1
竹　内	4	0	2	0	8	1
渡　邉	3	1	0	0	1	2
鵤	3	1	0	0	1	4
橋　本	0	0	0	0	0	2
ロシタ	14	0	6	2	9	4
喜多川	3	1	0	0	0	2
計	76	8	23	6	37	23

川　崎	得	③	②	F	R	反
藤　井	6	1	1	1	6	1
林	0	0	0	0	0	1
増　田	0	0	0	0	0	1
辻	2	0	1	0	1	2
ファジ	32	2	10	6	11	5
ソープ	0	0	0	0	0	3
大　塚	3	1	0	0	1	1
熊　谷	6	1	1	1	2	1
長谷川	4	0	0	4	2	0
ヒース	14	1	4	3	13	2
計	67	6	17	15	40	17

2019-20 REGULAR SEASON REVIEW

第40戦　千葉ジェッツ戦▶
無観客での試合がシーズン最後のゲームとなった

無観客試合でライバル撃破

第40戦 2020.**3.14**　**vs. 千葉ジェッツ**

（船橋アリーナ）

宇都宮 88-80 千葉

第1Q	25	–	23
第2Q	17	–	17
第3Q	25	–	17
第4Q	21	–	23

コロナ禍の影響による初の無観客試合でライバル千葉を88-80と撃破した。第1Qは遠藤の3点シュートなどで25-23とリード。第2Qも一進一退の攻防となり、ロシター、渡邉らの奮闘により42-40で折り返した。第4Qは立ち上がりに連続失点を許し、一時3点差に詰め寄られたが、遠藤の3本の3点シュートなどで突き放した。その後、Bリーグは残り全試合が中止となったため、この無観客試合がシーズン最後のゲームとなった。

40

千　葉	得	③	②	F	R	反
ダンカ	13	1	5	0	7	2
富　樫	14	1	5	1	2	4
バーカ	17	0	8	1	9	0
フリッ	2	0	0	2	2	3
田　口	7	1	2	0	1	2
晴　山	0	0	0	0	0	0
メイヨ	22	1	7	5	2	1
西　村	2	0	1	0	1	1
藤　永	0	0	0	0	2	2
小　野	3	1	0	0	3	0
計	80	5	28	9	31	15

宇都宮	得	③	②	F	R	反
ウィリ	6	0	3	0	1	0
ギブス	10	0	4	2	5	4
比江島	12	0	4	4	3	1
テーブ	0	0	0	0	1	0
遠　藤	26	7	2	1	4	3
竹　内	2	0	1	0	7	2
渡　邉	8	2	1	0	1	1
鵤	8	1	2	1	1	2
橋　本	0	0	0	0	2	1
ロシタ	16	3	3	1	6	0
山　崎	0	0	0	0	0	3
喜多川	0	0	0	0	0	0
計	88	13	20	9	33	17

接戦を制し首位に浮上

第39戦 2020.**2.17**　**vs. シーホース三河**

（スカイホール豊田、3413人）

宇都宮 88-84 三河

第1Q	25	–	12
第2Q	18	–	23
第3Q	24	–	18
第4Q	21	–	31

三河に88-84と競り勝ち、A東京と同率で東地区首位に浮上した。第1Qは遠藤の外角からのシュートが決まり、25-12とリード。第2Qは一進一退の攻防となったが、第3Qに渡邉の8得点の活躍などでリードを14点に広げた。第4Qは終盤に一時2点差まで追い上げられたが、残り17秒でギブスがフリースロー 2本を冷静に決め、追いすがる三河を振り切った。

39

三　河	得	③	②	F	R	反
会　田	0	0	0	0	0	1
川　村	18	4	3	0	2	2
岡　田	0	0	0	0	0	1
長　野	0	0	0	0	0	1
森　川	6	0	1	4	1	0
熊　谷	2	0	1	0	3	3
金　丸	27	7	2	2	2	1
シモン	12	0	5	2	7	2
加　藤	0	0	0	0	0	1
桜　木	2	0	1	0	4	0
ガード	17	0	6	5	8	2
計	84	11	19	13	31	14

宇都宮	得	③	②	F	R	反
ウィリ	2	0	1	0	0	1
ギブス	16	0	7	2	11	1
比江島	8	0	4	0	0	1
テーブ	11	1	4	0	1	1
遠　藤	8	2	0	2	1	4
竹　内	11	1	4	0	7	2
渡　邉	14	3	1	3	1	2
鵤	2	0	1	0	2	4
橋　本	0	0	0	0	0	1
ロシタ	11	1	4	0	7	0
山　崎	0	0	0	0	0	2
喜多川	5	1	1	0	0	2
計	88	9	27	7	32	21

F=フリースロー、R=リバウンド。各項目の合計はチームスコアを含む

Brexy
UTSUNOMIYA BREX CHEERLEADER
UTSUNOMIYA BREX

Utsunomiya
Brex
Cheerleader
BREXY
ブレクシー

スプライド特別号

All For The “BREX PRIDE”
ブレックス 勇戦の記憶
2019-20

【UTSUNOMIYA BREX SEASON MEMORIES】

2020年6月1日　初版第1刷　発行

STAFF

編集・発行	下野新聞社 〒320-8686　栃木県宇都宮市昭和1-8-11 TEL.028-625-1160（編集出版部）FAX.028-625-9619 https://www. shimotsuke.co.jp
ライター	藤井洋子（スプライド 編集長） 青柳修　（下野新聞社 運動部） 鷹箸浩　（スプライド 編集部）
フォトグラファー	山田壮司 高木翔子（DOME Photo Planning） 鶴見俊文 青柳修　（下野新聞社 運動部） 杉浦崇仁（下野新聞社 写真映像部） 菊地政勝（下野新聞社 写真映像部） 柴田大輔（下野新聞社 写真映像部） 橋本裕太（下野新聞社 写真映像部）
アートディレクター	宇梶敏子（Teetz）
デザイナー	大橋敏明（スタジオオオハシ制作）
流通・販売担当	斎藤晴彦（下野新聞社 編集出版部）
印刷・製本	株式会社　井上総合印刷

UTSUNOMIYA BREX

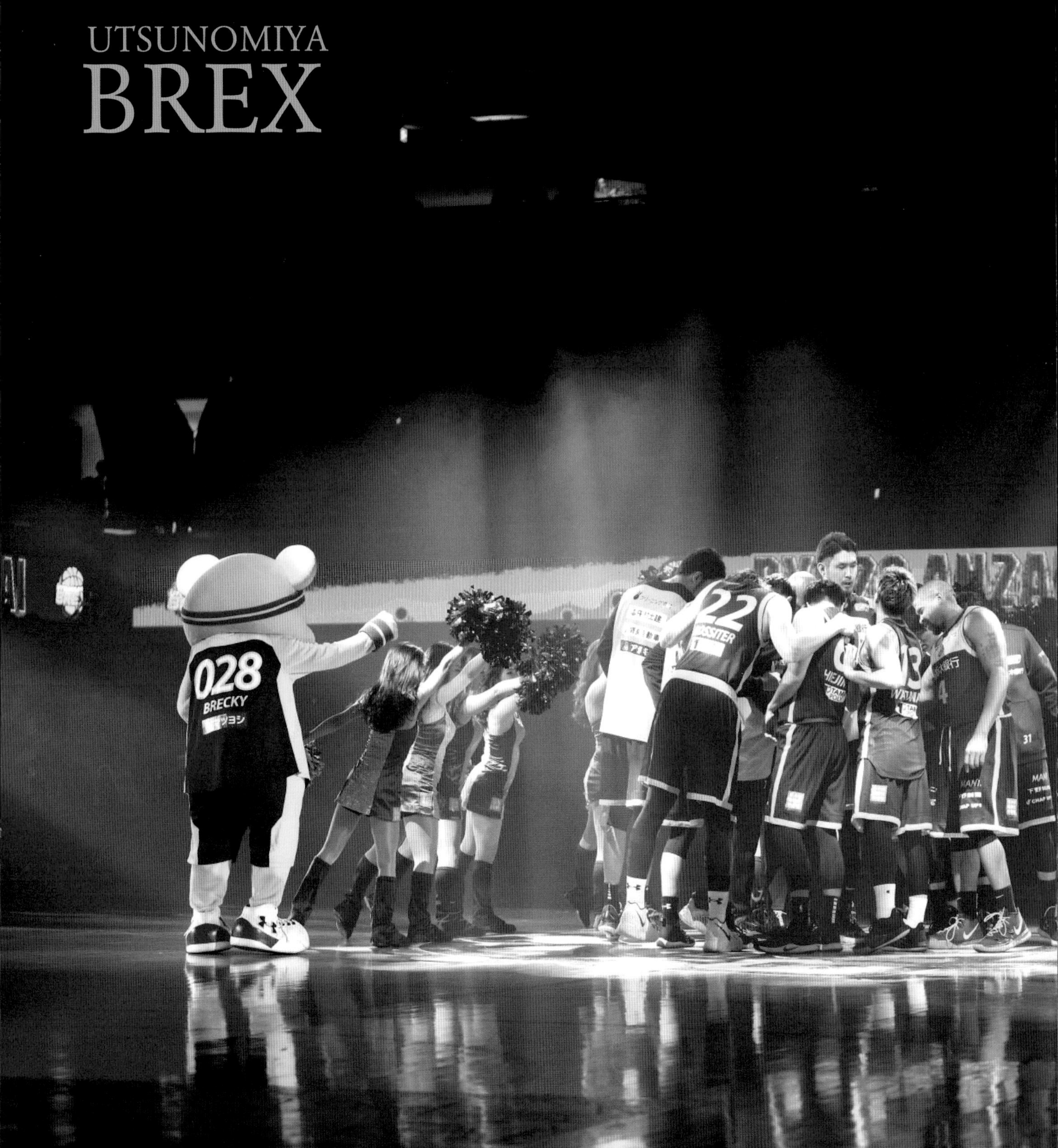

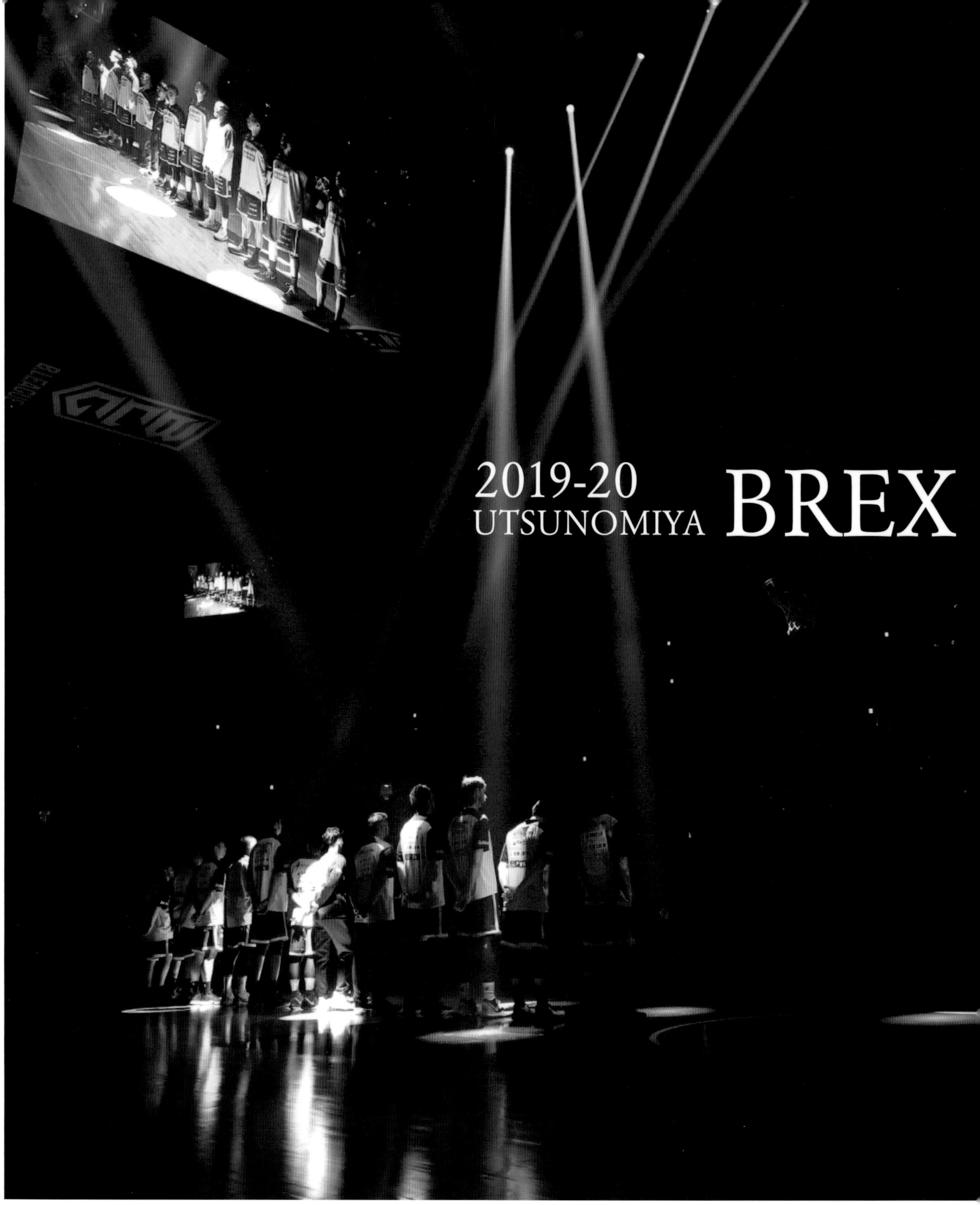

9784882867678

1920075013004

ISBN978-4-88286-767-8
C0075 ¥1300E

定価：本体1,300円+税

Printed in Japan